立人天地

从康德出发

[英]安德鲁·沃德 著
陈明瑶 陈晓坤 译

黑龙江出版集团
黑龙江教育出版社

版权登记号：08-2016-097

图书在版编目（CIP）数据

从康德出发 /（英）安德鲁·沃德著；陈明瑶，陈晓坤译. —— 哈尔滨：黑龙江教育出版社，2017.5
ISBN 978-7-5316-9214-0

Ⅰ.①从… Ⅱ.①安… ②陈… ③陈… Ⅲ.①康德（Kant, Immanuel 1724-1804）- 思想评论 Ⅳ.① B516.31

中国版本图书馆 CIP 数据核字（2017）第 096677 号

Starting with Kant © Andrew Ward, 2012
This translation is published by arrangement with Bloomsbury Publishing Plc
Simplified Chinese edition copyright © 2017 by Heilongjiang Education Publishing House
Simplified Chinese rights arranged through CA-LINK International LLC
ALL RIGHTS RESERVED

从康德出发
CONG KANGDE CHUFA

作　　者	［英］安德鲁·沃德　著
译　　者	陈明瑶　陈晓坤　译
选题策划	王毅
责任编辑	田洁
装帧设计	Amber Design 琥珀视觉
责任校对	张爱华

出版发行	黑龙江教育出版社（哈尔滨市南岗区花园街 158 号）
印　　刷	北京鹏润伟业印刷有限公司
新浪微博	http://weibo.com/longjiaoshe
公众微信	heilongjiangjiaoyu
天 猫 店	https://hljjycbsts.tmall.com
E－mail	heilongjiangjiaoyu@126.com
电　　话	010－64187564

开　　本	880×1230　1/32
印　　张	7.25
字　　数	168 千
版　　次	2017 年 6 月第 1 版　2017 年 6 月第 1 次印刷
书　　号	ISBN 978-7-5316-9214-0
定　　价	36.00 元

目录

序　　001

概述　康德的"哥白尼式革命"　001
第一节　康德主要的哲学观点　002
第二节　现象和物自体　011
第三节　判断的分类　014
第四节　先天综合判断和形而上学的可能性　021

第一部分　形而上学的革命：《纯粹理性批判》

第一章　先验感性论：时间、空间与数学　027
第一节　时间和空间的形而上学阐释　030
第二节　时间和空间的先验解释　036
第三节　回顾　041

第二章　先验分析论：我们的自然经验　　043
　　第一节　形而上学演绎　　048
　　第二节　先验演绎和纯粹知性原则的简介　　057
　　第三节　先验演绎　　059
　　第四节　纯粹知性原则　　062
　　第五节　回到先验演绎　　082
　　第六节　驳斥（有问题的）唯心论　　086
　　第七节　总结先验分析论　　091

第三章　先验辩证论：纯粹理性的范围　　101
　　第一节　纯粹理性的谬误推理　　103
　　第二节　纯粹理性的二律背反　　109
　　第三节　纯粹理性的理想　　127

第二部分　道德上的革命：《道德形而上学的奠基》和《实践理性批判》

第四章　道德法则和绝对律令　　139
　　第一节　道德的至高原则　　142
　　第二节　形式与内容：理性和感性　　150
　　第三节　敬重的感觉　　152
　　第四节　绝对律令告诉我们应该做什么？　　155

第五章　理性可以激发意志吗？　165

- 第一节　意志的自律和他律的区别以及该区别与绝对律令和假言律令的联系　166
- 第二节　绝对律令如何成为可能？　169
- 第三节　实践哲学的极限　175
- 第四节　康德道德理性主义的意义　180

第六章　至善，为至善而存在的上帝，灵魂的永恒及意志的自由　187

- 第一节　纯粹实践理性的二律背反　189
- 第二节　道德的要求已经将我们的知识延伸出了感性世界吗？　196
- 第三节　意志的自由：纯粹理性体系的安全"拱顶石"　201

大事年表　207
参考文献　211
索引　217
内容简介　221
作者简介　221
译者简介　221

序

　　康德的成熟哲学即批判哲学，也就是为世人所评价的形而上学领域的"哥白尼式革命"。我在撰写其通识读本时，发现了两大难题：一是康德使用了大量专业术语；二是康德举例甚少，而这些例子恰恰是普通读者最需要的。

　　为了解决专业术语的问题，我在开篇就对康德的"哥白尼式革命"的哲学思想进行了概述，但在概述中没有使用康德的任何专业术语。然后，在对康德革命性哲学思想的概述中，我通过展示专业术语在具体情境中的使用，尽力解释一些诸如"表象""直观""先天综合"等关键术语。读者需要记住一点，就是在本书的两大主要部分中，对康德的论点进行检验时，前提就是你们已经熟悉了概述里面的相关材料，尤其是对专业术语的解释。此外，这两大部分中的第一部分涉及知识和形而上学，第二部分涉及道德，这两大部分完全独立，自成体系，读者无须为了理解其中一个部分而去研读另一部分。

　　在举例的时候，我尽量使用浅显易懂的例子，尤其是在《纯粹理性批判》中大部分人觉得最重要——当然也是最难的部分，即先验演

绎部分。我希望我选择的独特方法能给读者带来一些启迪,尽管它一开始看起来有些自相矛盾。通过仔细研读后面的内容——"经验的类比",我意图展示在"经验的类比"的论证中,先验演绎的论证方式其实更加抽象。值得欣慰的是,这方面的论证实例还是比比皆是的。

最后是致歉:我本来计划在最后简单介绍一下康德的美学思想,但遗憾的是,在完成康德的知识、形而上学和道德哲学理论部分花的时间大大超出了我的预料。不过,我在开篇概述部分列出了康德"哥白尼式革命"中关于美学的重要思想。参考书目为美学概述提供了大量的常见著作。

安德鲁·沃德(Andrew Ward)

康德的"哥白尼式革命"

概述

我将概述分为四节：第一节，简要回顾康德主要的哲学主张，并简单梳理这些主张与形而上学领域的"哥白尼式革命"之间的联系；第二节，概述现象①世界和物自体②世界的区别；第三节，解释康德划分的三种可能类型的判断力。不管愿意与否，如果读者不理解判断力的划分，他就不可能读懂康德解决形而上学问题的方法及精髓；第四节，我将概括展示康德判断力划分、表象和物自体之间的区别及其与形而上学领域的"哥白尼式革命"之间的联系。

第一节 康德主要的哲学观点

与数学以及自然科学领域取得的突出进展相比，形而上学领域的进展惨淡又缓慢，康德对此十分震惊。这促使他去寻找新方法来解决形而上学领域的难题，康德认为，当时数学领域（特指欧几里得几何）

---

① 现象就是已经通过大脑加工过的意识表象。——译注
② 物自体就是没有加工过的，一种存在于人们感觉和认识之外的客观实体。——译注

概述 康德的"哥白尼式革命"

和自然科学领域（特指牛顿物理）的革命使得他们有望在各自领域取得重大进展，他希望能找到一个方法给形而上学带来相似的革命。康德认为，这两门学科拥有普遍的定理或定律，它们之所以广为人知，是因为它们给予我们关于万物的必然且普遍的知识。

康德认为，数学和自然科学领域的学者对这两门学科的基本概念或原理（而不是从经验中推导出）做出了贡献，促成了它们的革命。比如，在几何中，康德认为，数学本身就提供了一些如直线、三角形、圆等基本概念，然后在与这些概念相符的图形的帮助下，可以得出适用于所有这类图形的具有普遍性（universality）和必然性（necessity）的结论。因此，在康德看来，这种做法的一个典型案例就是，一个数学家画出一个与他的概念相符的三角形，然后基于这个三角形展示所有（平面）三角形的内角和相加即为180度。根据康德的观点，这个案例告诉了我们关于三角形的必然性、普遍性的知识。

但是，在形而上学领域中类似的革命是什么样的呢？康德将形而上学这门科学（假定它是科学）主要分成两大部分：第一部分，形而上学力图研究通过运用感官使我们获得对象知识的基本原则，这些对象康德也称为"感官经验的对象"，并且事实上它们是存在于时间、空间内的对象。因此，在第一部分，形而上学与存在于（自然）时空内的对象的经验基础相关；第二部分，也是最重要的部分，形而上学力图了解那些完全超出我们感官经验的对象或能力：这是形而上学最关键的部分，它涉及上帝的可能存在、灵魂的永存和意志的自由。然而，在这两部分中，康德一直认为形而上学是努力寻求"独立于经验的"

（independent of experience）真理——即使这些形而上学的真理也可能会让我们获得确实需要依赖于经验的真理。比如，康德认为，在形而上学的第一部分，可以完全不依赖经验证明"每一个事件必定有原因"这个原则。因此，他认为我们获知某个本质上以经验为基础的事件的能力，例如，通过感知发现某条河流冰冷刺骨或者某个苹果掉到地上了，这一能力必然部分依赖于以上这条普遍原则。

为了概括出康德心目中的形而上学的革命，他与哥白尼开创的革命性的方法进行了一个著名的比较实验：哥白尼假设一切天体都围绕观察者旋转，但这不能很好地说明天体的运动。于是，他假定观察者旋转，恒星静止不动，以尝试是否能成功。在形而上学领域也可以尝试类似的实验……（B16—17）事实上，这个"类似的实验"只是希望直接通过形而上学家的努力来揭示我们自然经验的基础（形而上学的第一部分），而不是希望借此获得超越我们感官经验（形而上学的第二部分）的知识。即便如此，哥白尼用革命性的方法看待地球上的观测者与观测者眼中的天体运动之间的关系，为什么康德要与哥白尼的方法做比较呢？

他比较的要点如下：按照传统设想，时空里的对象存在和表现完全独立于我们的经验（比如，河流和火山，人们认为它们的存在和表现独立于我们对它们可能有的感知或认知）。但是，在这种传统的观念下，形而上学无法获得真正的进步，因此，我们不再假设时空对象的存在和表现独立于我们的可能经验。作为一个实验，一方面，我们假设经验对象可以存在的感知形式，即时间和空间，来源于我们的心灵；另

概述　康德的"哥白尼式革命"

一方面，我们假设能够表现经验对象（时空对象）的基本概念和原理也是来源于我们的心灵。在这样的双重假设下，形而上学就有可能被置于稳当的科学之路上，至少在形而上学的第一部分，即关系到时空对象的知识的基础部分是这样。如果对象独立存在的感知形式（时间和空间）和支配对象表现的基本概念与原理都来源于我们的心灵，那么，只要通过检验我们心灵的特征，就有理由期待解释出我们对时空对象的经验在其总体框架上如何成为可能。这些特征独立于我们时空对象的经验而存在（因为它们必定在我们获得任何经验之前就存在了），但是它们可以使得这种经验成为可能。

总之，正如哥白尼通过假设我们观察者对这些天体的经验做出重大贡献，从而能够解释天体运动一样。康德认为，他可以假设我们的心灵对这些对象的认识做出了重大贡献，从而能够解释，至少能从它们最基本的特征方面解释时空对象的存在。

但是，即使用这种革命性的方式思考我们心灵和时空对象之间的联系，从而可以使得形而上学（第一部分）能够解释我们是如何独立于任何经验而获得对象的知识，我们也无法在此证明这个革命性的方式是否合理。最需要展示的，就是假设经验对象和我们心灵的某些能力相符，那么形而上学就能解释我们是如何可能拥有关于对象的感性知识，而这些感性知识在康德看来是我们必然拥有的。但是，即使是在形而上学的第一部分，也只有能够展示我们可能的经验对象必定与我们的心灵相符，康德的"哥白尼式革命"才能确保是成功的。康德要建立的就是《纯粹理性批判》的开头两个部分——先验感性论和先验

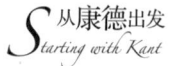

分析论。他将证明我们关于时空对象的知识只能通过他的"哥白尼式革命"来解释说明,具体而言就是他会证明,我们的意识为我们可能的经验对象、所有可能的时空对象提供一个基本的框架——纯粹的直观(时间和空间)与基本概念和原理——这些对象可以在这个框架里存在和表现。事实上,康德认为,仅用他的"哥白尼式革命"原理,形而上学的第一部分才能建立起规律(或原理)的可信性,从而成为牛顿科学的基础,如"物质既不能被创造也不能被消灭"和"每一个事件必定有原因"。正如我们所见,证明这些纯粹自然科学的原理需要展示这些原理自身可以使得我们对时空对象的经验成为可能。因此,在证明中,无法求助于经验资源:相反,这些原理必定是完全独立于经验而建立起来的。

康德雄心勃勃地试图证明的这些观点表面上看非常矛盾,我们会在后面对其证明方法进行检验。你可能会觉得,声称要建立一个不参照经验的自然基本原理是多么矛盾。然而,康德自己承认,形而上学的第一部分是建立在比较科学的安全路径之上的(即我们的经验或感性认识的基础部分),由此获得的成功似乎对第二部分即最重要的那部分有灾难性的影响。与第二部分相关的是完全超出我们感官经验的对象或能力(特别是上帝、灵魂和意志的自由)。他承认,因为并不需要这些先验对象让我们时空对象的经验成为可能。然而,恰如他要证明的,某些概念和原理可以使得经验成为可能,正是这些概念和原理的能力才使得形而上学能够证明这些先验对象的合理性。就形而上学的可能性而言,他在《纯粹理性批判》中得出来以上的基本结论。只要

概述 康德的"哥白尼式革命"

能证明包含着这些先验对象的概念和原理可以使我们的自然经验（时空中的对象）成为可能，那么形而上学就能证明这些概念和原理的合理性，只有得到这种证明，形而上学才能建立在可靠的科学路径之上。但是，如果没有这种证明——因为该证明和我们观念中的上帝、灵魂与自由无关——形而上学就不能建立在可靠的科学路径之上。

从表面上看，这给康德心目中的革命带来了灾难性的后果。为什么要采用一个革命性的方式来思考我们感官经验的对象呢？尤其是这会让形而上学无法回答它自身的一个核心问题。但是，结果却证明这种后果根本不是灾难。因为康德将证明只要我们接受这种变革，它就能向我们展示其他事物中一对对合理构成却相互矛盾的论点，例如：第一，整个时空世界的尺寸和年龄；第二，意志的自由。只有当我们摒弃传统的关于时空世界的设想，即世界独立于我们的可能意识，取而代之，我们接受康德的革命性的观点，即世界是依赖我们的——在对象存在（时间和空间）的形式和支配对象表现的基本原理方面（如每一个事件必定有原因）——那么形而上学才能摆脱这种自相矛盾的情况。

结果就是，康德认为，我们现在有了进一步的"哥白尼式革命"的证明——这次是间接的证明。因为，如果存在自相矛盾，这个理论就必定是错误的。然而，不切实际地假设时空世界和观察心灵之间的关系只存在两种可能的理论：第一，从传统理论来看，这个世界本质元素的存在独立于我们可能的经验；第二，从康德革命性的理论来看，这个世界在很多重要方面都是依赖我们的意识而存在的，只有康德自己的哥白尼式的理论才会免于这种自相矛盾。因此,康德的理论必定是我们和我们的经验对象之间的关系的正确解释。

尽管康德精心策划,试图将形而上学的第一部分放到科学的路径上,并且强烈抨击形而上学家们采用传统的方法来获得完全超出我们经验(形而上学的第二部分)的知识。但我认为,在形而上学知识方面,《纯粹理性批判》的结论毫无疑问是有局限性的。虽然形而上学可以解释我们关于时空对象的经验如何成为可能,但我们也必须认识到形而上学在其自身的核心问题上无法取得进展。就我们使用的理论理性[①]而言——作为形而上学领域唯一的思维模式,我们尚无法断定上帝是否存在,灵魂是否永恒或意志是否自由。

虽然理论理性无法为形而上学的核心问题带来任何进展,但是我们的实践理性却有可能解决这一问题。通过实践理性,康德认为可以让我们自己做出最切实际、最符合道德的决定,并将其付诸实践。在康德的道德哲学里,特别是在他的《纯粹理性批判》中,他认为,我们的道德经验的需求证明,当我们在执行纯粹实践理性时,意志是自由的,并且我们拥有的理性信念(康德也称为信仰)认为上帝是存在的,灵魂是永恒的。因此,尽管形而上学无法回答它的核心问题,但是在康德看来,这些问题必然可以由我们的道德经验来回答。然而,康德坚持认为,我们只要继续接受他的"哥白尼式革命"理论,就有可能得到这些问题的答案。除非我们接受这个时空世界的基本框架依赖于我们的

---

① 人类理性有两种功能:一是认识功能;二是意志功能。康德称前者为理论理性,称后者为实践理性。——译注

概述 康德的"哥白尼式革命"

心灵（即他在《纯粹理性批判》中所证明的那样），否则，我们的信念（即行为必须要合乎道德）以及我们对至善（道德和幸福的统一）的追求将会彻底动摇。

康德的道德哲学经常被当作一个独立完整的结构，几乎不需要理解其整体的哲学体系（即他为人所知的"批判哲学"）。但事实上，康德的道德哲学是其"哥白尼式革命"中不可分割的一部分，因此，在我看来，它是无法完全被分割在外的。若没有这个革命，意志的自由不仅无法被证明，而且在现实中也是不可能存在的，因此，道德也就无法对我们提出要求。此外，我们整个道德生活的目标——达到至善——要求我们必须相信上帝存在和灵魂永恒才能有合理的理由体现出来。在传统的设想里，我们和时空世界的关系是没有这种理由的。如康德所理解的，道德经验的可能性——不仅仅是感官经验——需要他的"哥白尼式革命"。

由于康德的道德哲学被认为可以给出形而上学核心问题的答案，并且他的知识理论也可以给出形而上学核心问题的答案。这些问题和我们的自然知识的基础相关，因此，自然而然地有人会认为康德的"哥白尼式革命"中应该没有感性论的内容了。但是，在《判断力批判》一书中，康德开始认为我们关于美好和崇高事物的判断，特别是在自然方面，先验感性论也必须加入这场革命中。只有这样，这些先验感性判断才能被证明是合理的，我们关于美好和崇高事物的意识才能被赋予合理的哲学意义。

首先，康德认为，时空世界以一种革命性的方式依赖于我们的心灵,就像他在《纯粹理性批判》中坚持的那样,只有这样,才能证明我们关于美好和崇高事物的判断是合理的。否则,我们就会发现自己再次陷入了自相矛盾的观点中:在这里是和自然与艺术的美相关。我们无法否认艺术家充满了创造力,并且可以创造出真正的美的作品。其次,如果证明得当的话,康德认为,我们对于自然美的判断可以使我们在自然科学知识和道德经验之间架起一座桥梁。康德对于我们自然经验的研究已经证明,自然本身完全是被自然科学的普遍法则所支配的。他对我们道德经验的研究显示,我们的意志并不受自然决定论的影响。然而,我们作为道德主体,在自然中实现道德的至高目标(至善)是我们义不容辞的责任。作为一个完全确定的系统,我们的自然意识,与我们看似不相符,实则可以自由实现至善的自我意识,这两者可否被我们关于自然世界的意识中更深层次的事物连接起来?康德认为是可以的。我们对于自然美的意识可以将完全成熟的自然决定论里毋庸置疑的经验顺利地转化成我们坚定的信念,即我们坚信本质上通过自由可以实现至善。

因此,根据康德的理论,只有形而上学领域的"哥白尼式革命"才能使哲学中的三大重要概念,即(科学)真、善、美各自成为可能。如果没有这个革命,那这些概念就不能被证明是合理的,但是有了这个革命,康德相信它们的目标可以自持和谐地共同存在。

概述 康德的"哥白尼式革命"

第二节 现象和物自体

将现象世界和物自体世界区别开来,是康德的"哥白尼式革命"中极其重要的内容。事实上,在概述他的观点时,我一直都在说明这两者的区别,但是没有用"现象"和"物自体"这种术语。现在我们就来解释这些术语。

和17、18世纪前后大部分的哲学家一样,康德认为,在感知中,我们永远无法直接或立即认识到造成我们感性意识的原因。我们在感性意识上获得的信息,即康德所称的"表象",完全依赖于我们的心灵(笛卡儿和洛克称为"观念",休谟称为"印象")。

近代很多哲学家,包括笛卡儿和洛克认为,在任何真正的感知中,我们心灵里的表象是由这两者产生的:完全独立于观察心灵而存在的对象,和时空中存在的物自体。因此,在这种感知理论下,即所谓的"感知表象理论"下,如果你感知到一艘船顺流而下,你无法立即意识到这个空间对象及其不断变化的状态,你获得的只是你意识中(相继领会到的)一个表象杂多①。存在于时空中的对象,在这里即为顺流而下的船,只能间接地通过这些相继的表象被感知到,而这些现象由对象在你心灵中产生。根据这个理论,时空中的每个对象都和你的感知

---

① "杂多"是康德哲学里的概念。主要是指没有经过先验形式加工过的感觉经验。——译注

行为完全无关（感知行为本身由发生在时空世界的一系列表象组成）。康德将"感知表象理论"的拥护者称为"先验实在论者"。先验实在论者的理论，如果用康德的术语来表述，即被间接感知到的对象就是时空中存在的物自体，并且这种时空中的对象（物自体）不以任何方式依靠观察者的心灵而存在。

康德反对先验实在论者的观点，他赞成时空中的对象永远是现象这一观点。当观察者意识到了现象，这种现象是由观察者心灵中的（相继理解到的）表象杂多组成的，说得更具体一点，这种现象是由康德称为"感性能力"的能力产生的。感性是心灵接收表象的能力，并且，在我们这里，康德认为感性有两种形式：内在和外在感性直观①。当心灵使用它的感性能力来领会表象杂多时，表象就是由某个（些）独立于我们心灵存在的对象产生的：康德和先验实在论者在这点上存在共识。然而，对康德而言，这个对象——物自体——并不是你在时间和空间中感知到的对象（如先验实在论者所宣称的那样）。你感知到的只是一个现象（它存在于你的感性能力之中），这个现象是由表象的杂多组成的。在康德看来，空间和时间等同于我们感性的两种形式：空间等同于外在感性直观，时间等同于内在感性直观。因此，现象一直依附于心灵而存在——它只作为感性意识（时间和／或空间中）的真实或可能的对象而存在，它和物自体相反，物自体完全独立于我们的意识（存在于时间和空间中的物自体不是如此，因为康德认为时

---

① 直观是指通过对客观事物的直接接触而获得的感性认识。——译注

概述 康德的"哥白尼式革命"

间和空间都只属于我们的感性能力)。

因此,根据康德的观点,即著名的"先验唯心论",现象是你的时空经验的对象,康德将空间和时间分别等同于外在和内在感性直观。当你感知时空对象的时候,并不是通过推论或者间接地感知它,而是立即直接感知它,而这个对象,即现象,是由你感性的表象杂多所组成的,这些表象是由某个或某些物自体在感性中产生的。根据这个理论,你无法获得任何关于物自体的感性知识。所有的感知或感性的知识,都受限于你从感性形式领会到的内容之中,随后为了意识到这些时空对象的表象,知性必定起着额外的作用。

康德认为,先验实在论和先验唯心论这两种理论在解释我们是如何感知时空对象时,是两种重要可能性的极端。这两种理论都认为物自体是表象杂多的原因,这些表象杂多由主体的感性能力领会到。但是,先验实在论认为时空对象(物自体)是已知的,并且只能间接地通过推论的方式得知,从领会到的表象推论到这些表象的原因(即对象),这个原因在时空中存在,并独立于主体。先验唯心论认为,时空对象(现象)在主体的感性之中,特别是在它的外在和内在感性直观的形式之中能够立即被感知,这两种直观分别等同于空间和时间。因此,对于先验唯心论者而言,整个(自然)对象的时空世界仅仅是一个现象的世界。现象不同于物自体,除了作为感性意识的事实,或可能对象之外无法存在。现象依靠心灵而存在。总之,先验唯心论认为,时空对象(既然它们每一个都是现象)的存在必须依赖被我们感知的可能性:

所以，我们早就要说：我们的一切直观无非是关于现象的表象；我们所直接观察到的事物并非物自体本身……并且，如果把我们的主体，哪怕仅仅把一般感官的主观性状取消掉，那么客体在时间、空间里的一切性状，一切关系，甚至时间和空间本身就会消失，并且它们不能作为现象存在，而只能在我们的内心真实存在。(A42/B59①)

最后一点：在解释康德对现象和物自体的基本区别的理解时，他反对先验实在论的观点，并宣扬他自己的观点，即先验唯心论，对此，我目前并未解释康德这么做的理由。我们在后面对于《纯粹理性批判》的讨论内容就是由康德的主要观点构成（他在后来关于道德和审美的一些著作中提供了其他理由）。在我们专注于康德的复杂的论证之前，有一点很重要，那就是我们必须理解康德的立场（先验唯心论）的总体框架，并且弄明白它是如何与先验实在论相矛盾的，康德认为先验实在论是先验唯心论唯一的重要备选观点。

第三节 判断的分类

康德认为，判断有三种可能的类型：一是先天分析判断；二是后

---

① 此处表示本段文字引自《纯粹理性批判》A 版本第 42 页，或 B 版本第 59 页。详见本书 212 页参考文献说明。下同。

天综合判断；三是先天综合判断。

先天分析判断

在将"分析判断"和"先天判断"结合之前，我会先解释康德所理解的"分析判断"和"先天判断"。分析判断是谓词的意义包含在主语之中的判断（康德将他的解释限制于主谓判断中，我也打算这么做）。因此，"所有的姐妹都是女性同胞"，像这样的判断就是分析判断。因为这里的"姐妹"一词在意义上等同于"女性同胞"。因此，正如康德所解释的那样，这句话里谓语项的意义"已经被包含"在了主语项之中。矛盾律[①]可以测验出一个判断是否为分析判断：若一个判断被否定，且否定的结果是一个自相矛盾的判断，鉴于涉及的各项词语的意义，那么它原来的判断就是分析判断。因此，"所有的姐妹都是女性同胞"这句判断的否定是"并不是所有的姐妹都是女性同胞"，鉴于这里涉及的各项词语的意义，这句判断的否定是自相矛盾的。

先天判断是独立于经验之外的判断。比如，一旦理解了涉及的相关各项词语的意义后，为了使"所有的姐妹都是女性同胞"这一判断成立，我们就无须借鉴经验了（当然，在这个例子中，一开始为了理解涉及的各项词语的意义，经验还是必要的，但是一旦理解了涉及的各

---

① 矛盾律是传统逻辑的基本规律之一。它通常被表述为 A 不是非 A，或 A 不能既是 B 又不是 B。要求在同一思维过程中，对同一对象不能同时做出两个矛盾的判断，即不能既肯定它，又否定它。——译注

项词语的意义后,这句判断的成立就不必依赖于经验了)。

术语"先天"意味着"独立于经验"。康德认为,先天判断有两条"确定的标准",即两种确定的鉴别方法。第一,如果该判断宣称自己具有必然性,那么它就成立,假如它真的成立,那么它的成立独立于经验。举个例子,"每一个事件必定有原因",这个判断声称一个事件有原因是必然的,因为在这里"必定有"就等于"必然有"。第二,如果这个判断宣称在范围上具有绝对普遍性(适用于所有个例,实际的和可能的个例,无一例外),假如它真的成立,那么它的成立就独立于经验。在"每一个事件必定有原因"中,该判断宣称任何一个事件,无论它是什么事件,无论是实际的或可能的事件,都有原因。康德认为,必然性和绝对普遍性是先天的两个可靠标准,他的理由就在于此。要建立一个有必然性或绝对普遍性的判断,唯一可能的方法就是要独立于经验之外。依赖于经验而成立的判断无法宣称具有必然性或者绝对普遍性。因为,尽管经验可以建立起判断声称某件事属实或者可能属实,但它永远无法建立起判断声称某事必然或绝对属实。因此,只有一定独立于经验之外的事物才能建立具有必然性和绝对普遍性的判断。同样,尽管经验可以建立康德所称的"比较普遍性",但它永远无法建立"绝对普遍性","绝对普遍性"就是不允许可能的例外存在。有判断宣称所有的天鹅都是白色的,它基于一个归纳概括,来源于到目前为止所有了解过的天鹅的个例。但是,即使在当时这个判断被认为是事实,它也只宣称了比较普遍性:因为它的反例是可能的。经验永远不能建立绝对普遍性,正如判断"每一个事件必定有原因"(这个判断中不

概述 康德的"哥白尼式革命"

允许有任何例外的可能)。因此,如果一个判断宣称具有绝对普遍性,如果它真的能被建立的话,它只能独立于经验之外。

有人宣称有些判断具有必然性,虽然这些判断的建立或者部分建立是通过诉诸经验。比如,一个判断为:任何被认作黄金的物质都必然有原子序数79。我不会细究这个说法,因为尽管它看起来论证严密,但它并不会影响到康德所希望的从他先天概念中总结的中心观点。

需要记住的是,康德并未将先天判断定义为具有必然性和(或)绝对普遍性的判断。他将先天判断定义为独立于经验之外的判断。必然性和绝对普遍性是辨别先天判断的两个确定的条件。从现在起,我将像康德通常所做的那样,在总体上笼统地把"普遍性"当作判断先天的可靠标准之一。但这里指的永远是绝对普遍性而不是比较普遍性。如果指的是比较普遍性,我会说清楚。

因此,如果现在把我们对"分析"和"先天"的理解相结合,我们可以看到先天分析判断就是:第一,谓语的意义被包含在或被考虑进主语之中的判断;第二,独立于经验之外而建立的判断。事实上,所有的分析判断必然是先天的;因为判断的谓语意义始终被包含在它的主项中——就像"所有的姐妹都是女性"——所以要建立这个判断并不需求助于经验。因此,这必定是一个先天判断。

后天综合判断

同样,在将两个名词意义结合起来之前,我先将它们分开来解释。

综合判断就是谓项的意义不包含在主项之中(将解释限制在主谓判断之中)。因此,综合判断的否定并不自相矛盾。比如,"所有的人终将一死"就是一个综合判断,因为"死亡"(being mortal)并不是主项"人"的意义的一部分。因此,对该判断的否定并不会产生出一个自相矛盾的判断,尽管它催生出的判断"不是所有的人终将一死"是错误的。

后天判断是依靠经验而得以建立起来的判断。因此,判断"铜溶于硫酸"需要经验才得以建立。注意,尽管这个判断具有普遍性,因为它宣称铜永远溶于硫酸——但该判断只宣称了"比较"(comparative)普遍性而不是绝对普遍性:概括是以归纳概括为基础,归纳概括来源于观察到的诸多个例,因此可能出现例外的个例。

所以,后天综合判断就是:第一,谓项的意义不包含在主项之中的判断;第二,的确需要依赖经验而得以建立的判断。"所有的人终将一死"和"铜溶于硫酸"这两个判断事实上都是后天综合判断。建立这两个判断需要经验,经验再加上归纳性的概括表明:它们适用或可能适用于所有个例——当然,这里宣称的普遍性仅仅是比较普遍性。康德和许多哲学家一样,经常将后天综合判断当作经验的或者现实的判断。

概述 康德的"哥白尼式革命"

先天综合判断

既然已经解释过了单个的术语"综合"和"先天",那我们可以很容易地知道先天综合判断就是:谓项的意义不包含在主项之中的判断;如果它在任何情况下都能建立,那么它是独立于经验而建立的判断。

"每一个事件必定有原因"就是一个先天综合判断。因为"事件"和"原因"的谓项意义没有被包含在主项之中,因此这是个综合判断。["每一个事件必定有原因"应该与"每一个结果必定有原因"区分开来。后者是分析判断,因为词语"结果"在概念上包含了"有原因"(having a cause)。]但是,"每一个事件必定有原因"还宣称了必然性("必定")和绝对普遍性(这里使用了"每个"来应用于所有实际和可能的情况)。因此,它必定是先天判断,因为宣称具有必然性或绝对普遍性的判断无法通过经验来建立。

尽管在康德的术语中先天综合判断的概念并不自相矛盾,但还不清楚如何才能建立这种判断。先天分析判断可以通过分析涉及的各项词语意义(从而就能判定该判断的否定是否自相矛盾)来建立,后天综合判断可以通过诉诸经验来建立,但是这两种方法都不适用于先天综合判断。分析涉及的各项词语无法达到目的(因为是综合判断),求助于经验也不行(先天综合判断宣称具有必然性和绝对普遍性,如果判断真的成立的话,必定独立于经验)。可以毫不夸张地说,如何建立一个先天综合判断在康德整个批判哲学里是一个至关重要的问题。我会在概述的最后一部分尽力阐释为什么它如此重要,至少为什么在形而上学方面如此重要。

考虑到康德已经赋予术语"分析""综合""先天"和"后天"的含义,由此可见不存在后天分析判断。因为这种判断,如果是分析判断,那么它谓项的意义必须被包含在主项之中;那么它的建立并不需要依赖经验。

* * *

值得注意的是,术语"后天"和"先天"的定义。概念或判断是可能同时具有先天性和后天性的。后天(或经验性)的概念直接或间接地从经验中获得。正如康德所认同的那样,我们大多数的概念都是这种类型。因此,"姐妹"(sister)的概念就是后天(或经验性)的,"铜"(copper)的概念也是如此。而另一方面,先天概念并不是从经验中获得。正如我们所知,康德认为存在很多先天(或纯粹)的概念,并且这些先天概念十分重要。他认为,"原因"这一概念就是个真正的先天概念的例子;他认为,我们的心灵,尤其是我们的知性,在我们获得任何经验之前就已经拥有了这个概念,因此它独立于我们的经验——所以,它是真正的先天或纯粹的概念。

第四节　先天综合判断和形而上学的可能性

康德认为,形而上学的成败取决于对如何建立先天综合判断的理解。(参照 B 19)为什么他会这样认为呢?

答案就是,康德坚持认为形而上学所有的判断都是先天综合判断,无论这些判断是否和我们可能的感官对象的知识基础相关(形而上学的第一部分)或无论这些判断是否和完全超出感官经验的问题相关(形而上学的第二部分)。因此,形而上学取得任何进展似乎无望,除非我们能够理解如何建立(如果真能建立的话)先天综合判断。

数学和自然科学在这一点上已经取得了重大变革,正是这一点有着决定性的意义。因为康德宣称,这两门学科里的所有重要判断要么是先天综合判断,要么其本质部分是先天综合判断(比如,纯粹自然科学里的判断"每一个事件必定有原因"是一个先天综合判断,判定理由已在上一节给出)。如今,正如康德所主张的,既然人们一致认为我们已经拥有了由这两门学科提供的普遍的和必要的知识,康德提出了以下的运动计划①。我们先研究一下我们理解的(即已经掌握的)数学和纯粹自然科学的先天综合判断是如何成为可能的。一旦我们发现这两门学科的知识是如何成为可能的,我们就有一个极好的机会去弄明白我们是否可能在形而上学领域了解任何先天综合判断。

---

① 即康德的"哥白尼式革命"运动。——译注

康德的探究使他得出了一个结论：在数学和自然科学领域关于对象的先天综合判断是可能的，因为也只是因为时空世界是一个表象的世界，我们的心灵提供了基本概念来支配我们对这个世界的经验。一旦这个说法成立，即这两门学科涉及的是表象而不是物自体，那么康德认为我们就能解释数学和纯粹自然科学的判断——虽然是综合判断——如何必定能适用于时空中所有的可能对象（因此它们也是先天判断①）。对这两门学科的解释是一样的：数学和纯粹自然科学领域的先天综合判断使我们感知时空对象成为可能。比如，康德认为，欧几里得几何的展示可以规定我们对空间对象结构关系的可能经验（因此，任何我们感知到的平面三角形，它的内角之和必为180度）。同样的，康德认为，通过展示构成自然科学基础的那些判断可以使得我们关于时空对象的行为的经验成为可能（因此，任何我们可以感知到的变化必定有原因）。为了把我们对表象杂多的领会视为任何时空对象的经验，这个杂多必须符合数学和纯粹自然科学的先天综合判断。

如果康德能够解释清楚我们的自然经验如何单独成为可能，那么他的"哥白尼式革命"——尽管一开始只是一个假设——无论是有关任何可能的对象经验，还是更重要的有关我们经验的任何可能对象（时空中的对象）都将被证明是正确的。因为，如果时空世界只是一个表象世界，那么适用于时空对象的可能经验也必定同样适用于那些物自体。因为表象作为依赖于心灵的实体，只有被感知到才能存在，因此

---

① 必然性和绝对普遍性是辨别先天判断的两个确定的方法。——译注

可以得出这样的结论：阻碍我们感知时空对象能力的任何限制必定同样限制这些对象的可能存在。

但是，为什么康德"哥白尼式革命"的真理——即我们经验的对象必定符合我们感知对象的能力——可以帮助我们探寻形而上学是否可以被放置到可靠的科学路径上呢？答案就是，只要形而上学自身与我们感官对象的知识的基础有关（形而上学的第一部分），形而上学就能当作一门科学被展示出来。在康德革命性的观点看来，因为可以证实奠定了自然科学的基础的先天综合判断——如判断"每一个事件必定有原因"——从而使得我们的经验成为可能，但是先天综合判断的建立能够只以理论理性为基础。因此，它们不仅是形而上学的判断，还是形而上学可证实的判断。然而在传统理论看来，即先验实在论，去相信这些自然科学的基础判断是可被证实的，这简直毫无根据：这就和康德要展示的观点完全相反。

然而，哪怕是在康德的"哥白尼式革命"中，纯粹自然科学的基础判断也是可被证实的，这只是因为通过展示这些判断，我们的感官经验可以成为可能，也就是使得我们对时空对象（现象）的感性认识成为可能。形而上学的判断和我们的感官经验无关——正如所有的判断组成了形而上学的第二部分和中心部分——显然我们不能通过展示它们可以使这些经验成为可能来证明它们合理。但是，这些判断也是先天综合判断。因此，"灵魂是永恒的"既是综合判断（因为"灵魂"的意义并未包含"永恒"的意义），也是先天判断。（因为如果真的能被建立，那么它的建立只能独立于感官经验。）由此可知，纯粹理性无法证明或反驳任何以下判断,即超出我们感官经验的形而上学的判断。这些先天综合判断——远远不能帮助我们的感官经验成为可能——指的是物自体,也就是存在的对象,如果它们真的存在,完全独立于任何可能的感性直观的话。因此,它们无法通过理论理性来被证明或者反驳,正如康德所证明的,如果没有我们的感官提供的各种资料,我们的理论理性就无法判断任一对象的综合判断的真假。因此,形而上学的第二部分无法被放置到科学的可靠路径上。

第一部分

形而上学的革命:《纯粹理性批判》

第一章试图鉴定并解释《纯粹理性批判》的主要观点。开篇涉及的是先验感性论，从中我们可以弄清楚，为什么康德认为时间和空间必定等同于我们感性直观的形式，还有为什么这个观点可以解释形而上学的先天综合判断如何成为可能。第二章会涉及康德在先验分析论中讨论的主要问题。正是在这一章，康德解释了一般而言对象的先天综合判断知识如何可能存在；也是在这一章，康德证明了奠定自然科学基础的先天综合判断原则。如果这些证明成功了——那我们就可以检验一些最重要的判断——康德将展示所有的时空对象必定遵守各种普遍必然的法则，而且这些法则来源于我们的心灵。第三章对先验辩证论中讨论的问题进行了深思，我们可以弄清楚为什么康德认为形而上学无法为我们提供任何超出经验的知识，尤其是关于上帝、自由和灵魂永恒的知识。

先验感性论：
时间、空间与数学

第一章

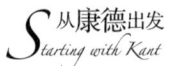

在概述部分,我们可以发现,康德运动计划的开端就是要弄清数学和纯粹自然科学为我们提供关于时空对象的先天综合知识(synthetic a priori knowledge)如何成为可能(在康德看来,它们必定可以提供这些知识)。一旦实现了这第一步,康德就会继续探寻形而上学是否可以给我们提供关于各种对象的其他先天综合知识。由于我们的能力,具体而言就是获得任何关于时空对象的感性认识的能力,要求现象必须先呈现在我们的感性之中,因此,通过检验我们的感性形式(外在和内在感性直观)和时间与空间之间的关系,康德开始了他对这些对象的先天综合知识的研究。《纯粹理性批判》的开章标题即为先验感性论。

在先验感性论这一章中,康德将证明空间和时间必定分别等同于我们外在和内在的感性直观的形式。他认为,最多只存在三种关于时间和空间状态的观点,他在下面这段话中对它们做出了简要的描述:

那么时间和空间是什么?它们是现实的存在物吗?或者它们

第一章　先验感性论：时间、空间与数学

只是事物的各种规定或各种关系，但哪怕事物未被我们直接观察到也仍然属于这些事物？要么是时间和空间只属于直观的形式，因而依附于我们的心灵，脱离了心灵，它们就不可能归结于任何事物？（A23/B37）

第一种观点认为，时间和空间不仅独立存在于我们的可能意识，还独立存在于任何时空中的对象（即物自体）。这就是牛顿式的或绝对的时空观；当被问及时间和空间是否为"现实存在物"时，参考的就是该观念。第二种观点认为，时间和空间的存在独立于我们的可能意识（和第一种观点相似），但是它们的存在依附于对象（即物自体），这种观点被认为是莱布尼茨式的或者关联的时空观，当被问及时间和空间是否只是物自体之间的联系时，参考的就是该观念，但这些联系"哪怕未被直接观察到"也依然属于这些物自体。第三种观点认为，空间和时间只属于我们心灵的感性形式（分别是外在直观和内在直观），因此，空间和时间必须依附于我们可能的感官意识而存在。第三种观点就是康德自己的观点；当被问及时间和空间是否依附于我们心灵的主观性状时，参考的就是该观念。

康德呈现了两种不同类型的论证来支持自己的观点并反驳其他观点。第一，论证的呈现取决于我们是如何看待事物存在的时间与空间的，与那些事物可能呈现的经验特性无关。康德在称为"形而上学"的阐释中列出了这些论证。第二，他以数学的先天综合判断为起始来呈现论证，并且从这些判断中可以得出某些关于时间、空间状态的重

要结论。这就是所谓的"先验阐释"。(在先验感性论部分,康德认为,我们会承认数学判断是先天综合判断:他在《纯粹理性批判》的概述部分就已经主张了这一观点,随后我会在这章中概述一下他主张这一观点的原因。)

由于关于时间和空间的证明总体上十分类似,所以我会把它们放在一起讨论。这有助于解释康德的某些个别证明,因为有时他对时间的评论有助于阐明他对空间的观点,反之亦然。

第一节 时间和空间的形而上学阐释

(A22/B37-A25/B40 和 A30/B46-A32/B49)

在讨论形而上学阐释中的四个证明时,我会遵循 B 版本而非 A 版本的编号。

形而上学阐释中关于时间和空间的前两个证明展示了我们对于空间和时间的概念并不是后天获得的(即通过经验获得),而是先天就存在于我们心灵中的(即独立于经验)。谈到空间和时间时,我们把前两个证明编为 1 号和 2 号。后两个证明要展示的是空间和时间必定是感性直观——也就是立即的感官呈现——而不是普遍的概念。谈到空间时,我们把后两个证明编为 3 号和 4 号,但令人疑惑的是,在谈到时间时,它们的编号是 3 号和 5 号。

第一章　先验感性论：时间、空间与数学

关于空间的1号证明

如果我们对空间的概念是后天获得的，那么这必定以现象为基础（因为哪怕是先验实在论者都承认，在任何对象的经验之中，我们唯一的直接意识是来自感性中呈现的表象内容）。但是康德认为，通过认识现象之间的关系——像"在……旁边""距离……远"，等等，我们不可能获得空间的概念，因为这种能力，即用这些联系的方式来思考确定现象的能力，其先决条件就是认为它们一起存在于空间之中。

在先验分析论中，康德会进一步为他的观点进行辩护。他会证明，正是将各种表象杂多领会为一个外在现象（或者多个外在现象）的能力，要求这种杂多可以在单个空间连续体中被构想出来（通过应用知性的先天概念）。如果一开始不把构成现象的杂多全部放在空间中思考，那么我们就不可能获得任何确定的现象的经验意识。我们一开始意识到确定的现象之间"相互距离很远"或者其他关系，然后，通过意识到这种关系来获得空间的概念，这点是毫无疑问的。因为只有把杂多的各种表象全部构想到单个延伸的（也就是空间）连续体中，才可能意识到任何确定的外在现象，从而才能在特定的相互联系之中对这些现象产生经验性的意识。

关于时间的1号证明

一个类似的论证也适用于时间。如果我们不把构成特定相继①或共存表象全部放入时间,那么我们就无法将既定的现象定义为同时或者相继。以下的可能性,即我们可能感知到状态任何特定的变化或共存,其前提就是要把构成现象的表象杂多构想成存在于时间之中(通过应用知性的先天概念)。因此,我们不能从确定现象中的相继或同时的经验意识中获得我们时间的概念(这样的话,时间概念就变成后天的了)。我重申一下,该证明并没有预先假设康德自己的观点是正确的。因为先验实在论认为现象是我们后天获得时间概念的唯一途径。康德自己的观点,即先验唯心论的观点和先验实在论的观点其差异就在这里。先验实在论相信时间依附于物自体,并且相信通过意识到现象之间的相继和同时可以让这种想法成为可能。而另一方面,康德认为,我们如果要将确定的现象感知为存在于相继或同时的特定关系之中,就要求构成现象的表象已经被我们构想为全部存在于时间之中。我们无法在时间概念之前意识到在特定相继或同时之中存在的确定的现象,因为这种经验性意识本身就依赖于将确定的各种表象构想成全部处于一个单一的时空连续体,如时间中。

总而言之,我们无法从我们的经验意识中获得空间和时间的概念,如果要意识到对象之间存在任何时间或空间的关系,那么前提就

---

① 相继就是存在于不同的时间之中。

第一章　先验感性论：时间、空间与数学

是构成了现象的表象已被认为存在于时间和（或）空间之中。（当我们谈及先验分析论的时候，我们会深思康德支持这一观点的详细理由，最值得注意的是关于时间的那部分：特别是三大经验的类比的讨论。但是，康德以一种高度简明扼要的形式为他的时间和空间的观点进行辩护。）

关于时间和空间的2号证明

这个证明试图证实时间和空间的概念必定是先天的（即独立于经验的）。它宣称，尽管我们可以认为空间不包含任何现象——当我们参与到几何构造中时——但是，如果不把外在现象认为是存在于空间中的话，我们就无法感知外在现象。因此，空间不可能依赖于现象而存在，但空间必定是现象存在的一个条件（因此空间必定先行于并独立于经验）。时间的概念也类似：我们可以认为时间不包含任何现象（当我们参与到算术计算或者纯粹数学中时），但是，如果不把现象认为是存在于时间中的话，任何现象都是不可想象的。因此，时间必定是所有现象的一个条件，先行于且独立于任何现象的意识。

关于时间和空间的3号证明

在这里，3号证明主张时间和空间是纯粹直观而不是普遍性的概念。如果空间是一个普遍性的概念，那么它必定有多个实例（就像宜居的星球是个普遍性的概念，可能存在多个宜居的星球）。但是，空间本质上被认为是一个连续体。谈论"多个空间"并不意味着存在多个空间：只是我们可以谈论并意识到同一个时空连续体的不同部分。因此，空间不可能是一个普遍性的概念，它必定是个感性直观，也就是说，是立即的感官呈现（这是空间唯一的另一种可能）。然而，它也不可能是经验直观，举个例子，假定感知一个颜色的色块。因为我们可以体验到不同程度的红色色块（并不要求它们每块都必须是同一块包含了各种不同程度的红色色域的一部分），所以毫无疑问，一个主体可以感知到不同的空间（结果可能会也可能不会是同一个空间）。空间必须被认为是一个直观——该直观包含了部分空间——因此，空间的直观必定是先天的。如果空间是经验直观（或后天的），它可以从一系列的经验直观中被创造出来，那么就不可能有这样的要求：所有这些不同的直观都被认为是同一个直观的不同部分。

时间也类似：时间不可能是普遍性的概念，因为时间的所有部分都被认为是同一时间连续体的必要部分，并且正如康德所解释的，"只能通过唯一的对象被给予的表象就是直观"（A32/B47）。只有先天感官呈现——即纯粹感性直观——才能给我们提供某物是单称的（即连续体）观念，所有经验性的时间性状态必定都在这个连续体之中。

随后，在先验分析论中，康德将试图解释为什么——正如他所宣称的那样——我们将空间和时间本质上当作单称的直观。在驳斥（经验）唯心论中，康德证明，只要存在一个时空连续体，在这个连续体中，我们可以直接观察到经验对象，那么我们每个人就只能将自己感知成单一的、时间上持续存在的主体。

第一章　先验感性论：时间、空间与数学

关于空间的4号证明和时间的5号证明

我们认为时间和空间是无限的量。但是，如果时间和空间是普遍概念，那它们就不能被当作无限的量，因为尽管有无数的实例受时间和空间概念的支配，但是时间、空间的概念并不包含无数实例，凭借这些实例可以应用该概念。另外，当我们想象在空间中画一条直线或者想象跟随一个点的一系列位置进行变化，我们此时就在参与直观中的活动（构造一条直线等）；在参与这些活动时，我们总是想无限地拓展这些活动。正是这些直观的连续使我们认为时间和空间在范围上是无限的。因此，正是通过直观并且是先天直观的方式，我们才认为时间和空间是无限量的。这是先天直观，因为这里所需的数学活动（构造一条直线等）并不借助任何经验直观。

* * *

因此，康德的先验唯心论坚持认为，空间和时间这两者都是先天的（或者纯粹的）感性直观。也就是说，它们都是感性呈现，属于心灵自身的感性能力，并且这些呈现独立于任何经验资料（这就是为什么作为"先天"直观的替代说法，康德称它们为"纯粹的"）。严格来说，当心灵参与到数学构建时，它们是纯粹的直观。当我们意识到自己正在感知的经验资料时（如例子中感知到一艘顺流而下的

船），时间和空间的广延①就成为经验直观。但是，即便如此，时间和空间依然是我们直观的形式：它们使得经验资料的结构性特征成为可能——经验资料总是在单一连续体中被感知为空间结构和（或）时间结构——并且它们先天存在于我们心灵中（在我们的感性能力中）。

第二节 时间和空间的先验解释

（B40-41 和 B48-49）

　　康德认为，先验的解释为支持他的观点提供了最有力的例子，他的观点就是时间和空间是先天的（或纯粹的）直观。他说，这些解释使得他的关于时间和空间的观点"完全可信"（A46/B63）。但是，为了能理解它们的确切含义，我们需要理解为什么康德坚持认为几何和算术是先天综合判断，几何判断描述的是空间结构，而算术判断和纯粹数学描述的是时间结构。我和康德一样会关注几何。

　　他认为几何不仅是正确（并已得到证明）的判断形式，而且描述了广延和形状的联系，这点是毫无争议的，因此，它和展现空间特性相关。此外，康德在他的概述中认为，几何的判断是先天综合的。比如，"两点之间，直线的距离最短"。康德认为这个判断很明显是

---

① 就是物质的基本属性，即物质的空间属性，即所谓的长、宽、高，凡是物质必然占据空间，这就是广延。——译注

第一章　先验感性论：时间、空间与数学

综合判断，因为一个人无论把"直线"和"最短距离"这两个概念分析多少回，这个判断的否定永远不会产生矛盾[①]（这是测试一个判断是否为分析判断的测验）。康德还提出，即便有人意识到"最短距离"是一个定量的概念，而"直线"是一个定性的概念，这一点也不会让人吃惊。但这个判断不仅是综合判断，而且必定是先天判断。因为它宣称了必然性和普遍性（这是判定先天判断的两个确定标准）：它宣称，两点之间任何直线的距离必然最短。康德认为，同样的普遍策略可以应用到几何的定理和公式中，并且通过这种方法，它们可以无一例外地被视为先天综合判断（不是先天分析判断或者后天综合判断）。

简言之，康德坦率地承认，"几何是一门综合地却又是先天地规定空间属性的一门科学"是必然正确的。尽管康德不怀疑这个观点的正确性，但是他意识到我们的确需要解释这个观点如何成为可能。事实上，在这里很容易漏掉一步。正如我们可以看到的，这里有两个问题。第一，数学如何证明这些先天综合判断。第二，存在一个（结果性的）问题，即这些证明如何能应用到空间。

关于第一个问题，我们继续使用直线的例子。既然"两点之间，直线的距离最短"这个判断不是分析判断，那么，它的建立只能借助直观了：也就是通过对两点之间画出的直线进行立即的感官感受。因为主词和谓词在其涉及的词语意义上并没有联系，所以它们之间的联

[①] 在本书前面提到，若一个判断被否定，且否定的结果是一个自相矛盾的判断，鉴于涉及的各项词语的意义，那么它原来的判断就是分析判断。——译注

系只能通过直观来建立。但是求助于经验直观是无济于事的，比如，通过测量大量的直线的长度，并把它们和许多其他非直线进行比较，然后概括，通过归纳得出结论。这种证明的根据显然不能得出必然性的数学结论，即任意两点之间总是直线最短。这种实证过程最多可以让人得出一个经验性的总结（也就是康德所称的"相对普遍性"），但这不是一个具有必然性和绝对普遍性的判断。因此，直观的证明绝不能依靠任何经验资料。这种直观只能是纯粹的（或先天的），也就是说，这种直观独立于任何经验，存在于心灵中（为了可以成为即时的呈现）。康德宣称，数学家通过构造出他心中直线的先天概念，就可以实现纯粹的直观，要么在想象中构造（完全在纯粹直观中），要么在纸上构造。但是，当数学家在纸上画出符合心中先天概念的直线时，只要该直线符合他的先天概念，那么他就可以忽略那条特定构造的直线的任何经验的特征。这样，康德认为，数学家就是拥有纯粹的而非经验的直观（就好像他在想象中构造出直线一样）。因为直观只依附于数学家自己在画直线时先天放入的东西。当直线像这样展现在纯粹直观中时，我们观察到的适用于这条特定直线构造的结论——也就是两点之间，直线最短——就可以适用于所有其他事实上或可能的直线。但是，数学家只能证明这条直线的特性，因为通过构造他心中的先天概念，他呈现（或展示）的事物符合纯粹直观中观察到或展现出的事物。正是先天概念的构造给予了证明综合判断所需要的普遍性和必然性，尽管这个构造基于单一的图形。

第一个问题，即康德解释数学家是如何能够在几何中展示先天综

第一章　先验感性论：时间、空间与数学

合判断的内容，就到此为止。然而，这个解释又引出了一个问题：几何的呈现如何能适用于空间结构。这就是由康德在几何观点中提出来的第二个问题。康德认为几何成功展示的一个重要特点就是它们以先天（或纯粹）直观（意识的一种特性）为基础而建成的。但是，有人或许会认为时间和空间独立于我们存在：它们是物自体或是物自体之间的联系。当然，这就是先验实在论的观点［无论是牛顿还是莱布尼茨（Leibniz），他们认为时间、空间以及时空对象都独立于心灵而存在］。并且，如果这种观点是正确的，那么就意味着几何展示的结果将无法普遍必然地适用于空间。毕竟，如果空间世界是独立存在的话，那么只要我们能够拥有任何关于这个空间世界的感性意识，这意识就必定是间接的或具象[①]的：也就是通过我们的外直观对空间或任何情境中的对象形成图像。同样地，从先验实在论的观点来看，当数学家通过呈现先天综合的几何判断来构建图形时，他借助的是我们的外直观而不是空间来证明这些图形。那么数学家是如何知道他通过展示获得的适用于外直观的结果也必定适用于空间呢？他最多只能得出一个概率性的推断，就是宣称适用于我们外直观的结果很有可能也适用于空间。但是，他没有权利宣称外直观中展示的结果可以普遍必然地适用于空间。

在空间的先验解释中，康德反驳先验实在论的这一结论，他指出既然我们确实知道几何综合地却又先天可信地描述了空间的结构，由此可见，空间必定等同于我们外直观的形式。康德在解释数学家的证

---

① 具象是人们在生活中多次接触、多次感受的形象，它不仅仅是感知、记忆的结果，而且打上了人们的情感烙印，受到他们的思维加工。——译注

明方法时认为，这种等同是必然的，因为我们只能解释几何的先天综合判断在先天直观中的展示如何成为可能。因此，既然这些从展示中产生的判断被认可（普遍必然地）适用于空间结构，那么由此可见，空间必定就等同于纯粹外感性直观。单单这种等同就能解释我们如何能知道几何的综合判断对于空间结构具有先天可信性了。康德用几何呈现出三角形的例子来阐释这种等同：

> 假如在你的心灵中没有一种进行先天直观的能力；假如这个主观条件按其形式来说并非同时又是唯一使得这个（外部）直观的客体本身得以可能的先天普遍条件；假如对象（即三角形）是与你主体没有关系的物自体：你怎么可以说，凡是在你构成的一个三角形的主观条件中必然存在的东西，也必须属于三角形本身呢？因此，假如空间（时间）不仅仅是你的直观的一个形式，它包含着能使事物成为你外在对象的先天条件，并且如果没有这个主观条件，物自体就变得什么也不是，那么你就根本不可能以先天综合的方式澄清关于外部客体的任何东西了。（A48—B65/66）`

在算术和纯粹力学的先天综合判断方面，有一个类似的论证。只有时间等同于我们内直观的形式，我们才能解释这些判断如何普遍必然地适用于时间。

第一章 先验感性论：时间、空间与数学

第三节 回顾

在先验感性论的结尾，我们一起回顾一下康德建立的观点。他认为，他形而上学的和先验的解释已经证明了空间与时间分别就是我们的外在纯粹直观和内在纯粹直观。这不仅解释了纯粹数学的先天综合判断如何能决定时间和空间的结构，它还极大地帮助康德解释这些同样的判断如何适用于时空中可能被感受到的对象。在数学方面，康德功亏一篑。他仍然需要展示为什么在时空中能被感受到的对象必定遵守数学的先天综合判断。然而，从他的论据中我们可以得出一个非常重要的结论。假设空间和时间仅仅只是我们心灵的特性（因为它们分别等同于我们的外直观和内直观），那么由此可见，我们感受到的所有对象就是存在于时空中的经验对象，它们是现象而不是物自体。因此，时空对象——现象——必定是由我们在内外直观中领会到的表象的杂多（依附于心灵的现象）组成的。

在我们结束先验感性论之前，有一个普遍的观点值得注意，因为它与康德"哥白尼式革命"事业的成败息息相关。即如果时间和空间属于心灵的主观构成部分（正如康德所坚持认为的那样），那么时间和空间就不可能作为物自体存在或者被认为等同于物自体之间的联系中。心灵的固有属性或状态不能被认为可以自在存在——因为它们需要一个固有的物质——因此，它们不能被当作自在存在的事物之间的联系（因为物质的固有属性不能被认为是物质之间的联系）。在康德的道德哲学里这一点很重要，因为，为了辩护意志的自由，他需要坚持认为空间和时间只属于心灵的主观构成部分，它们无法独立存在或作为物自体之间的联系而存在。附带一说，时间和空间有可能作为纯粹直观而存在，康德经常因为忽视这个可能性而被人批判。但是，假设康德的形而上学和/或先验论述是正确的，那么这种批判就是毫无根据的。

先验分析论：
我们的自然经验

第二章

在先验分析论中,康德分析了知性的作用,它通过感官使对象的知识或经验成为可能。知性就是心灵的能力,通过它我们能够去思考或者判断任何呈现给我们的资料。

在先验感性论中我们已经知道,我们正是通过感性能力来意识到感官资料(表象),而知性有两种形式——外在和内在直观——它们分别等同于我们的空间和时间。现在我们面前的问题就是,这种思考资料的能力起了什么作用从而使得经验成为可能。正是在先验分析论这里,康德开始解释纯粹自然科学的先天综合判断如何成为可能:也就是说,我们如何能够掌握自然科学的基本法则,即使这些法则的建立既不能依靠经验也不能凭借涉及的各项词语的意义。

在他复杂的讨论过程中,他会证明时空中的对象不可能处于混乱状态,相反,所有的对象必定被永恒的因果法则所支配并且将继续被支配下去。因为康德非常清楚,大卫·休谟(David Hume)的因果怀疑论已经很明显地展示了以下假设是没有合理根据的,即时空对象必定处于彻底的因果联系之中;甚至,即使假设到目前为止这些对象的表现极其具有规律性,休谟认为我们也无法因此认为它们以后也会继

第二章 先验分析论：我们的自然经验

续如此。休谟第一次陈述因果怀疑论是在《人性论》（第1册，第3章）；但是康德主要是在后来的《人类理解研究》（4—7节）中才真正对它有所了解。根据康德自己的说法，正是休谟的因果怀疑论把他从"教条主义的迷梦"中唤醒，让他踏上寻求形而上学"哥白尼式革命"的道路。

在先验分析论的结尾——驳斥（有问题的[①]）唯心论——康德还会驳斥以下这种可能性，即把人类自己当作持续存在的主体但却对空间对象的存在持有怀疑。这种外部对象怀疑论的经典说法是由勒内·笛卡儿在《第一哲学沉思集》（1641）中提出的。

* * *

尽管先验分析论被分为两个主要部分：概念分析论和原理分析论，但是康德对纯粹自然科学的先天综合判断如何成为可能的解释分为三个阶段进行。

第一阶段：康德试图展示知性本身，独立于经验（因此是完全先天的），它拥有所有的基本概念，我们能够通过这些基本概念构想出表象的杂多，从而将这些杂多组成受到法则支配的感知对象。换句话说，假定在感性直观的任何形式之中，只要我们可以在任何普遍必然的规则（法则）之下联系或者合成表象的这种杂多，那么这些法则将始终会应用到我们知性的各种先天概念中。因此，康德将会证明我们运用

[①] 因为康德本身就支持先验唯心论，所以他不是驳斥唯心论，而是驳斥在他看来其他"有问题"的唯心论，在这里特指驳斥笛卡儿式的唯心论观点。——译注

到时空表象的杂多之上的基本法则之一就是"每一个事件必定有原因"。这个基本法则应用到了概念"原因性";康德宣称,这个概念先天存在于我们的知性之中。这些知性的先天概念被康德称为"范畴"或"知性的纯粹概念"。

以下任务,即要展示知性独立于经验地(即先天地)拥有所有的基本概念,也就是范畴,通过范畴,表象的任何杂多(这些杂多组成了感官对象)可以被认为受到法则的支配,这个任务在形而上学演绎中进行。

第二阶段:康德试图去证明表象的任何杂多,只要它能给我们提供经验,能通过感官提供我们各种对象的任何知识,那么它必定遵从范畴。这一阶段比第一阶段更具有冒险性。他要展示,假定在任何感性直观的形式中,如果我们能够将多个表象的一个杂多置于任何法则的支配之下,那么法则中应用的统一的基本概念必定先天地存在于我们的知性之中。他进一步要展示的是只要我们可以通过杂多获得任何关于对象的感性知识,那么这种杂多必定与这些概念(以及相对应的法则)相符。毕竟,表象的各种杂多构成了现象(感知直观的经验对象),这些都是感性的杂多,不受任何知性行为的干涉。我们最初领会到这些表象依靠的不是知性而是我们感性能力中物自体的活动。那么,为什么现象会遵守某个依附于知性的普遍必然的法则呢(应用范畴)?比如,就存在于我们感性直观形式(时间和空间)中的对象而言,从表面上看,空间和时间似乎很有可能感知时空对象,即使这些对象不受知性的法则的支配。比如,有个对象它自身的状态不断变化:

第二章　先验分析论：我们的自然经验

我们似乎能意识到自己在见证这个时间事件，尽管我们不能将这个状态的变化纳入任何普遍规则之下。再如，为什么不可能感知到水有时在 0 摄氏度时冻结而有些时候不在 0 摄氏度时冻结（而每个个例中的周围环境都是一样的）？

事实上，康德将证明以下看似正确的可能性在现实中并不可能，即经验可以来自不遵守任何法则的对象，尤其是应用了范畴的法则。而且康德还会证明在任何感性直观中的所有的可能对象（不仅仅是那些在感性直观中可以被感受到的对象）都必定遵守范畴。这个任务在先验演绎中进行。

第三阶段：康德宣称当范畴应用于我们感性直观的特定形式中时，即空间和时间中时，它们遵守所有的基本法则（或原则）。通过这些法则，知性可以构想出任何在时间和/或空间中的对象，并且康德试图详细展示时空中可能的对象如何必定以各自不同的方式遵守这些原则。因为，如果任何感性直观中的对象都必定符合范畴的话（正如康德在第二阶段中已展示的那样），那么康德所称作的"纯粹知性的原则"——它们详细规定了这些范畴是如何先天地应用到我们的（时空的）直观之中——必定为对象如何在时间和/或空间中存在或表现规定了一些基本的普遍的和必然的规则。更确切地说，正是在这里康德试图证明数学的先天综合判断必定不仅适用于时间和空间结构，而且适用于存在时间和/或空间中的所有对象。也正是这个证明最终解释了数学如何能够产生关于经验对象的先天综合知识，或者数学——正如他有时候解释的那样——如何能够具有"客观可信性"。

也正是在这个第三阶段康德试图去证明纯粹自然科学的基本动力性法则必定支配所有时空对象的行为。致力于证明该任务的这一节,就是为人所知的"经验的类比",它是《纯粹理性批判》中尤其著名的一部分,因为正是在这节康德对休谟的因果怀疑论做出了回应。

以下两个证明任务,第一,当范畴应用到我们感性直观的形式中时——即时空直观——它们必定遵从各种基本法则和原则,这些法则,原则支配所有的可能时空对象的行为;第二,证明数学提供了普遍必然的规则,这些规则支配着这些对象的可能的形式或结构。这两个任务在纯粹知性的原则这节中进行。

第一节　形而上学演绎

(A66/B92-A83/B116:标题在 B159 中给出)

在康德撰写著作的时候,当时大家广泛认同的事实就是亚里士多德已经详尽无疑地列举了我们思考任何资料的所有可能的方式或形式。康德在他的判断表中罗列出了这些"思想的形式"。当然,这张表和思想内容——我们可以思考的东西——无关,这张表只是和一些可能的方式有关,通过这些方式我们可以把资料全部放在一个可理解的形式中,也就是思想中。

康德还宣称这些判断形式都是先天的,也就是说,它们都存在于我们的知性之中并且完全独立于我们拥有的任何经验。假定以下这种

第二章　先验分析论：我们的自然经验

想法成立：为了我们能够思考任何资料，我们的心灵必定已经拥有了基本的思维模式。这可能意味着，至少这些判断形式的发现必定是一件经验性的事件，因为为了列举出这些判断形式，亚里士多德必定需要观察我们是如何思考资料的，包括经验资料。但是我确信康德并不会把亚里士多德想出判断表的过程当作经验的事件（就好像他也不会把数学家通过构造展示的几何原理这一过程当作经验的事件一样）。因为亚里士多德没有关注任何判断的内容，只是关注它们的形式；对于康德而言，他认为鉴定形式完全是我们知性或者理性的功能。因此，并不需要为了列举出判断表中的任意部分而把经验资料（组成了判断的内容）考虑进去。所以，判断表的构想过程不可能是经验性的过程。这并不是说康德认为我们已经毫无疑问地列举出我们判断的所有形式。在逻辑上，我们有可能未鉴定出知性的一些思维模式。但是康德坚称这种可能性是极其微小的，因为：（1）亚里士多德第一次制定这张判断表是在两千多年前，并且自从那时起到现在它没有任何重大变化；（2）我们在自己心灵的能力之一中，即知性中寻求这些思想的形式，并且心灵中这些思想的储备不大可能十分冗长。就像他自己所说的：

> 这里构成对象的不是事物的本质，事物的本质是无尽的，而是知性，知性对事物的本质做出判断，并且这知性只是在其先天知识方面而言。由于我们无法从外部去寻求知性的这种先天储备，所以它们也不可能总是对我们隐藏着，并且很可能其储备程度之小也足以我们根据它们的完整性来理解它们。（**A13/B26**）

那么，正如康德所认为的，心灵拥有某些判断形式，它们独立于经验并且心灵通过这些判断形式就能单独去思考（或判断）任何资料；而且这些判断形式很可能被亚里士多德详尽无遗地列举出来了。同时，我们关于判断形式的了解无法给予我们关于经验内容的任何信息。以下就是康德在判断表中列出来的形式（**A70/B95**）：

判断表

1.
判断的量
全称的
特称的
单称的

2.
判断的质
肯定的
否定的
无限的

3.
判断的关系
定言的
假言的
选言的

4.
判断的模态
或然的
实然的
必然的

第二章　先验分析论：我们的自然经验

就像我之前评论的，正是在先验分析论中康德不仅思考了知性如何能思考感性表象，还思考了知性的这些思考行为的作用，以及知性的思考行为对我们关于对象的感性认识起着怎样的作用。康德在开篇的观点——也是形而上学演绎的中心观点——即表达出最基本的思考方式的这些概念，通过这些方式我们可以将感官的任何对象都认为处于法则的支配之下，这些概念必定来自判断形式。大体而言，这种观点还是比较可信的。因为，首先，和对象相关的法则当然总是在判断中被表达出来，而且因为我们讨论的是法则，所以这些判断具有普遍性和必然性（就如同"无论何时物质的状态发生变化，其量不变"）。其次，康德认为，我们先天地拥有所有的基本方式，通过这些方式我们可以连接到判断中的任何资料。正如我已经指出的，以上判断表中列出来的判断形式给出了这些方式。假定这些设想是正确的，那么就可以理所当然地认为任何可理解的支配着感官对象的法则在结构上必定来源于判断形式（只要这些法则具有普遍性和必然性）。

现在我们来思考一个熟悉的概念，这个概念我们用来表达处在时空世界里的对象之间的有效联系，它就是概念：原因性。当我们认为一个对象发生的状态变化符合这个概念时，我们就可以宣称只要达到某些条件，必然会发生状态的变化（就像"常压下液态的水加热到100摄氏度必定会蒸发"）。换言之，当我们认为对象的状态变化是受概念原因性支配时，我们就是在思考对象和其周围环境之间的联系，这个联系在结构上通过假言判断的形式用具体个例表达出规则（如果它具有普遍性和必然性）：如果（或无论何时）A，那么必定产生B。简言之，当——在我们的感性直观的特定的形式中，即时间和空间之中——我们认为一个对象的状态变化受概念原因性支配时，我们就在构思不断变化着的状态之间的有效联系，这个过程和以下过程在结构上很相似，即把任何资料都认为受规则的支配，这些规则通过假言判断的形式表达出来（因为这一判断形式具有普遍性和必然性）。假设我们能够思考任何资料的唯一可行的方式是由判断形式提供，那么一般而言，任何我们可能应用于感性直观对象的法则，当这些法则表达出一种普遍必然的联系时，其结构必定来源于这些判断形式中的一个或多个。并且一旦知性的纯粹概念（范畴），其使用被限制于感性直观的某个（或某些）特定的形式之中时，那么它们将会无穷无尽地列举出各种基本方式，通过这些方式我们可以思考受普遍必然的规则（法则）支配的感性直观的对象。

因此，范畴独立于感性中呈现给我们的任何事物，它不仅是存在于知性中的概念，还是我们可以思考感性直观的杂多的唯一方式，并且据此我们可以把由那个杂多组成的任何现象都认为受某个（些）法则的影响，从而形成一个确定的集合或统一体。（因此当液态水和气态水的相继表象通过原因性的概念联系起来时，它们就被认为在确定的环境下按照顺序必然发生。）当判断形式被普遍必然地适用于感性直观所呈现的事物时，康德从这些判断形式中推论出范畴。完整的范畴清单展示在了范畴表或知性的纯粹概念这两节中。（A80/B106）

第二章　先验分析论：我们的自然经验

每个范畴都应该与判断表中相似位置的判断形式对应起来（如果判断形式具有必然性和普遍性）。因此，正如我在上面试图阐释的那样，假言判断的形式（在判断表标题3下面）和范畴"原因性"相对应并且产生了范畴"原因性"（在判断表标题3下面）。尽管目前我还不清楚这些推导的过程具体是如何完成的，但是康德论证的总体路线似乎非常清晰。假设知性先天地拥有思考任何资料的所有的基本方式——即判断形式——那么就会有一张相对应的知性的范畴列表：这张列表将详尽地列出种种基本概念，我们在直观的任何感性形式中应用这些基本概念来将杂多组合起来，并且统一那个杂多的各种表象。

纯粹知性概念的范畴表

1.

量的范畴

单一性

多数性

全体性

2.	3.
质的范畴	关系的范畴
实在性	实体
否定性	原因性
限制性	交互性

4.

模态的范畴

可能性

存有性

必然性

* * *

关于形而上学演绎有两点尤其要记住。

第一，范畴从判断形式中推论出来，正如我已经说过的那样，它们是知性概念的详尽集合，通过它们我们可以认为感性直观的任何杂多受法则的支配。就其本身而言，范畴并没有告诉我们哪个范畴要被应用到感性直观的哪个特定类型之中。我们的感性直观是时空的，但是我们经验的这种特点并不是从来自判断形式的范畴的推论之中得出的。就目前而言，范畴是最一般的规则，通过这些规则，只靠知性就能统一在任何感性直观形式中的杂多的一系列表象。这些范畴到底是如何应用到我们的感性直观中的，康德目前还未对此做出解释。但我在试图概述形而上学演绎时，的确已经阐释了范畴"原因性"是如何应用到我们的感性直观的，即时间和空间之中。我举了一个例子，一些水（存在空间中的事物）从液态变为气态（一件时间事件）。但是，认为范畴是种种概念的详尽列表，通过这些概念我们可以认为感性直观的任何杂多都受法则的支配，并且我们认为杂多在感性直观的形式中被

第二章　先验分析论：我们的自然经验

统一；以上该想法的依据并不需要规定杂多必须要呈现在我们感性直观的形式中。在后面的原理分析论中，康德将详细陈述范畴是如何应用到时空直观之中的。

第二，你可能会感到惴惴不安，因为在形而上学演绎中，你觉得康德表演了一个哲学上的空帽捉兔子戏法。因为在这个演绎中他宣称已经展示了存在于感性直观中的对象（即现象）必定遵守我们知性中先天存在的普遍必然的规则。你也许会觉得这种宣称十分荒谬，因为组成对象的杂多在感性直观中怎样呈现给我们，知性对此无法进行控制。因此，绝对无法保证范畴能适用于对象，也就是说，绝对无法保证我们能够将感性直观的任何对象认为与我们知性中的各种纯粹概念相符。因此，即使假设康德以下的宣称是正确的，即我们先天拥有基本概念的详尽列表（范畴），通过这些概念我们可以把感性直观的对象理解为受法则的支配，哪怕假设他已经正确地列出了这些范畴的内容，他也未能给出任何理由来支持以下假设，即我们将能在感知中使用任何范畴。因为感性直观的对象很可能是处于混乱之中，或者突然变得很混乱，这样我们就不能应用范畴了，但是混乱的对象却依然能在感性直观之中被呈现出来（在空间和/或时间之中呈现）。

但是这种惹人怀疑的花招可能用错了地方。形而上学演绎的论点不是以下这样的，即经验对象，也就是感性直观中的对象（现象）必定符合范畴。形而上学演绎的论点是这样的：只要我们能认为感性直观的对象受法则的支配，那么这些法则必定适用于这些范畴，也就是说，我们的（知性中的）概念是先天的，并且是独立于经验的。无可否认的是，如果这种论证成功，它确实能够证明我们无法从源于经验的实体或原因中提取概念（概念如实体或原因性来源于经验），这是经验主义者——特别是休谟——宣称的观点。然而，因为在形而上学演绎中已经证明过，感性直观的对象的确可能会陷入混乱之中或突然陷入混乱，以至于我们无法联系到杂多；而对象正是基于杂多，具有范畴性并由普遍必然规则所构成的；在这种偶然的情况下，对象似乎依然能被感知，即使我们根本不能将它们的行为归入任何法则之下。

康德很清楚形而上学演绎没有证明范畴必定适用于感性直观的对象。因此，在先验演绎的概述部分（其后立即跟的是形而上学演绎），康德说道：

> （基于目前已经建立的结论）因为很可能现象具有这样的性状，即知性发现它们根本不符合其统一性的条件，所有的事物都处于这样的混乱中，例如在现象的次序中呈现不出任何……与原因和结果概念相符的事物。这将使得因果概念完全变得空洞，没有意义。但是既然直观不需要任何的思维机能（范畴），尽管如此，现象依然会把对象呈现给我们的直观。（A90-91/B123）

我的结论就是形而上学演绎并不是试图展示哲学上的空帽捉兔子戏法。这个演绎并不是试图仅仅通过以下事实就能证明范畴必定适用于可能经验的所有对象，即我们先天拥有最基本的概念——范畴——通过范畴我们可以认为感性直观的对象受法则的支配。然而，康德毫不动摇地坚持认为所有的经验对象必定与范畴相符。鉴于在之前三段中产生的问题，你可能会想知道他是如何证明这个观点的正确性的。康德自己说为了完成这项任务花费的精力比《纯粹理性批判》中的其他部分要多得多，这项任务是先验演绎而不是形而上学的任务。

第二节　先验演绎和纯粹知性原则的简介

我们在形而上学演绎中已经知道了范畴是心灵的基本概念，它可以让我们把感性直观的对象作为现象归于法则的支配。虽然康德的确在这个演绎中宣称，对象作为现象，如果我们要拥有任何关于它的知识，就必然要应用范畴，但是他没有给出任何论证；正如我们刚刚已经注意到的，康德自己承认这不够准确。因为各种表象的杂多和任何能够组成现象的杂多——必然能在感性中不依靠任何范畴呈现给我们；如果的确如此的话，那么似乎可以由此得出结论：无论现象是否符合范畴，感性直观的对象都会依然存在并且被我们感知到（因为感性直观的经验对象都是现象）。单单形而上学演绎可以合理展示的就是只要我们可以拥有任何受法则支配的感官对象的知识，范畴就必定在这些法则中起着基本的统一作用。

但是在先验演绎中，它认为如果以那个杂多为基础，任何经验、任何经验对象的知识要成为可能的话，那么范畴必定要适用于表象的任何杂多（无论对象在感性直观的哪种形式之中被感知到）。我认为，理解先验演绎的最大阻碍之一毫无疑问是因为这样一个事实：先验演绎的大部分内容是在一个极端抽象的层面上进行的。这是因为康德在这里试图证明无论对象在直观的哪种形式之中被感知到，范畴都能使得经验成为可能（或至少在 B 版本中的先验演绎中，康德清晰陈述了这样的观点：参见 B148）。从感性方面来说，康德所有证明需要的前提是，第一，经验的对象要等同于感性直观的对象——因此，它们只能是现象而不是物自体；第二，心灵起初通过其感性直观的形式领会到的事物是（零散得到的）各种表象的杂多。康德试图证明的是，为了将这种杂多理解为经验的对象，那么心灵必定能够认为杂多与范畴相符。现在，如果不展示范畴是如何通过仅有的方式（即我们的感知对象，就是时间和／或空间实体的方式）使得对象的感知成为可能，那么显而易见为这个高度概化的观点想出一个令人信服的例子是很困难的。尽管康德的确偶尔通过展示他的论证如何应用到我们的（时空）经验中来解释他的观点，但是他大多数的论证都是在一个非常概括和抽象的层面上进行的。只有在后面，纯粹知性原则部分康德才试图详细展示任何范畴是如何使得我们自身的经验成为可能的。这种方法已经造成的问题之一就是很多评论家似乎认为纯粹知性原则里的论证和先验演绎中的论证是完全不同的，或者至少和后者的联系非常模糊。

　　幸运的是，在我看来纯粹知性原则里面的那套核心论证的确极大地帮助了我们理解先验演绎，尽管这两者之间的差异很明显。我的方法是这样的。首先我仅仅概括一下先验演绎的主要内容。然后详细地解释一下在纯粹知性原则中为什么康德认为范畴——或更严格地说，范畴中最重要的三个——能够使得我们自己的时空经验成为可能。最后我会试图展示康德在纯粹知性原则中的核心论证确实对更抽象的先验演绎进行了阐释。

第三节　先验演绎

（A84/B116-A130/B169）

在整个先验分析论中，我们理所当然地认为起初我们并没有意识到自己的存在贯穿于任何表象的确定杂多（或序列）之中。在知性对杂多做出某些行动之前，康德坚持认为只存在一系列的迥然不同的确定的表象，每个表象伴随着自我意识的单独行为或者"我思"；我们无法立即感知到任何杂多的所有迥然不同的确定表象发生在主体，即我们自己身上。在知性或想象力的联系行为之前，我们每个人感知不到自己是一个单一主体或者"我"的存在，所有表象的杂多将它们自身呈现给我们；这是个重要观点（康德和休谟在这点上看法一致），在先验分析论其余的部分中我们仍要牢记这一点。我们很快就会发现这点在先验演绎中体现得尤为明显。

先验演绎的核心论点开头就是以下评论。如果要了解一个杂多的所有（迥然不同的确定的）表象，那么这些表象需要被引导到康德所称的"统觉①的统一"之中：换句话说，一个主体必然有可能意识到

---

① 康德把"统觉"理解为一种纯粹理智的认识形式，认为它是"自我意识"的最高的统一功能，由它建立起对象的客观性。——译注

那个杂多的所有表象。对于多个表象的任何杂多而言，如果意识的一个主体，一个"我思"仅仅领会到那个杂多的一个表象，这就可能造成自我意识的一系列不同行为（比如，我意识到 A，我意识到 B，我意识到 C），并且将不会产生这种认识：一个主体能意识到整个杂多（我意识到三个事物，A、B 和 C）。那么如何达成这种统一的意识呢？

康德的回答是只有认为杂多的迥然不同的确定表象受一个概念的支配，才可能存在一个意识到那个杂多的所有表象的主体。因为概念是我们将杂多结合起来的方式，通过概念我们能将一个杂多的多个表象形成一个整体，组成一个单独的单位：在一念之间，在一个意识行为之间，概念就能通过规定表象之间确定的联系把迥然不同的确定表象结合起来。只有因为一个杂多的迥然不同的确定表象被认为受一个概念的支配，这样整个杂多才有可能呈现在意识的一个行为里。正是这种把整个杂多连接到意识的一个行为里的能力——即通过把一个概念应用到杂多中从而将杂多的各种表象在一念之间结合起来——才使得统觉的统一成为可能，也就是说一个主体才能意识到整个杂多。

在形而上学演绎中，我们已经知道无论在感性直观中的任何形式中，心灵统一多个表象的杂多的基本方式就是范畴。因此，范畴是心灵最基本的概念，它用来在一个意识行为中辨别感性直观的杂多。因此，只要能够意识到现象（每个现象都是由多个表象的一个杂多在感性直观的某个形式中组成），那么我们必定能通过范畴的方式思考到组成现象的杂多。

感官的对象总是被认为能够以一种确定的方式决定主体对它的

第二章　先验分析论：我们的自然经验

领会。因为我们认为感官的对象不同于领会而存在；因此主体领会对象的方式必定取决于对象本身的安排方式，也就是说取决于组成对象的杂多是如何自我安排的（比如，在正常的条件下，如果一个主体察觉到水在结冰，那么这个主体必定领会到液态的水之后就是固态的水；如果一个主体要感受一个对象，那么主体领会构成了确定对象的杂多的方式——在这里领会到的就是水在结冰——取决于对象本身如何被安排）。既然，为了被我们理解到，现象必须要符合范畴（因此现象就以一种确定的方式被安排了），那么由此可以推出，在把杂多领会为现象的过程中，主体必定也能够察觉出他对现象的领会本身以一种确定的方式被决定了。因此，正是主体意识到现象的能力使得他有可能把现象意识为感官的对象。

此外，单单现象就能被感知为感官对象。因为感性直观的所有杂多都符合范畴，并且因此符合确定的规则，所以它们能够被认为是现象（因为假定在感性直观的某些形式中，现象是各种表象的任意杂多，它可以被认为是统一的——因此可以被认为符合范畴），但是，如果感性直观的杂多不符合范畴，那它就不能认为是统一的（因此也不能被认为是以一种确定的方式被安排了）。因此，它不能被认为决定了我们的领会。所以，单单现象就可以被认为决定了我们对感性直观的杂多的理解；因此，单单现象就可以被感知为感官对象。既然现象和感官对象只有被我们感知到才能存在，那么由此可以推出，不仅对象的所有可能经验，还有经验的所有可能对象，以及任何感性直观的所有可能对象都必定与范畴相符。这些范畴概念规定了所有可能经验的形式，以及在先验唯心论看来，这些概念还规定了感性直观的所有可能对象的形式。

以上就是我对先验演绎中相互联系的各个论点的快速概述。康德在纯粹知性原则中解释了特定的范畴是如何使得我们时空直观中的对象经验成为可能。康德认为这个目的已经达成——至少对范畴中最重要的三个范畴已经达成——在我们研究为什么康德这样认为之前，我们会详细说明先验演绎的概念。

第四节 纯粹知性原则

（A148/B187-A235/B294）

因为我们（人类）认为可以感知到的一切事物——包括我们能在空间中感知到的一切事物——它们总是存在于时间之中，所以康德现在缩小了他的关注点。他思考范畴如何分门别类地应用于时间直观，从而应用于我们一切的经验对象，应用于一切存在于时间和/或空间之中的对象。当我们把范畴应用到所有来自时间直观里的事物上时，范畴就产生了一系列普遍必然的规则，也就是康德所称的"纯粹知性原则"。康德试图从思想的方面证明，这些原则的确使我们的经验成为可能。

尽管详细阐述这些原则的段落被分为了四个分段，但是康德自己说，读者应该格外关注第三段，即经验的类比。经验的类比和动力

第二章 先验分析论：我们的自然经验

学基本定律——行为的基本定律——相关,该定律支配着所有的自然对象。康德认为三大类比的论据对于评价他以下的观点有着重要作用,即范畴使得我们自己的经验、时空的经验成为可能,大多数评论家都同意这点。我对此也没有异议。如果我们可以理解为什么康德认为范畴"实体"可以使我们可能意识到时间的长度,为什么他认为范畴"原因性"使得我们可能感知到对象改变状态,为什么他认为范畴"交互性"使得我们可能获得关于共存的对象的经验,那么我们就能理解他的核心观点,即我们的经验、我们时空对象的感性知识必然需要范畴。

让人困惑的是,康德坚持认为使得时间经验成为可能的方式只有两种（考虑到共有三个类比）。我们要么可以感知到正在改变状态的对象（在第二类比中讨论）,要么感知到共存的对象（在第三类比中讨论）——或者,我们当然也可以拥有这两种类型的感知经验。但是在以上情况中,我们的经验都是发生在时间之中。正是在第一类比中康德讨论了我们如何能够获得时间跨度或时间长度的观念：这是一种意识,我们要感受到对象的任何状态变化或者共存（同时存在）的话,就必须拥有它。

在三大类比中,康德认为我们当然可以感受到对象的变化和共存（所以我们可以意识到时间的长度）。他并不是试图证明会发生这些时间经验,而是试图解释它们如何成为可能。因此,康德以下的策略是没什么异议的,即他先假设我们感知到对象改变其状态和/或共存,然后他从这些感知经验中证明可以使之成为可能的条件。

第一类比

(A182/B244-A189/B232)

第一类比要证明的原则就是,在现象的所有变化中,实体的量在本质上保持不变。(当范畴"实体"应用到时间直观中的事物上时,就产生了该原则。)

康德宣称——在我看来是正确的——我们认为一切感知到的或者能感知到的事物存在于一个持续的时间跨度中,即一个时间连续体中。尽管为了方便,我们可以将任何长度的时间分割为更小的部分,比如,把日分割成小时,把小时分割成分钟,但我们总能把更小的这些部分当作由一个持续的时段组成。简言之,我们认为在时间跨度中的任意两个时刻之间,总存在着一段时间长度。但是,由于我们通过感性立即感知到的是零散领会到的表象的杂多,那我们的时间概念如何可能成为一个时间连续体呢?

有一个启发,我们只是通过直观中呈现的一连串前后相继的表象获得这种时间长度的概念。但是康德从中看到了一个难题。他并不否认形成我们的时长概念必然需要表象的相继呈现,但是他认为只有前后相继的表象是不够的。正如他自己的解释:"在单纯的相继之中,存在就只是生生灭灭,绝不具有丝毫的量。"(A183/B226)他认为如果没有某个可以把前后相继的各种实存归置进去的持存①之物,那么时间

---

① 持存的意思是不变不动,永恒存在。说通俗点就是,持续存在。——译注

第二章 先验分析论：我们的自然经验

量的概念、时长，将会成为不可能。仅仅通过领会到前后相继的零散实存无法得到时间长度的概念，因为如果没有持存之物把这些实存联系起来，他认为我们就不能形成单个时间长度的概念，在这个时间长度里可以将所有的实存都放置进去。他在第一类比的倒数第二节中详细解释了这个观点。康德一开始假设以下观点，即可能存在"单纯的相继"，或者存在绝对消失和绝对存在的对象，随后他对以上假设进行否认，康德展示，在现象领域中，这种假设是不可能的，因为这样的话，我们就无法察觉出以下这种时间连续体，即在这种时间连续体中能感知到绝对存在和绝对消失：

> 绝对的存在或绝对的消失，不仅仅是持存之物的一种规定（状态），而且根本不会是一种可能的知觉。正是因为这个持存之物，才使得表象从一个状态向另一个状态变化，以及从非存在变化成为可能。所以这些变化只有作为持存之物不断变化的各种规定（状态）才能被经验地认识。我们若是假定某物绝对地开始存在，那么我们就必须拥有一个它还不存在的时间点。但是，如果不把这个时间点附着在那已经存在的事物上，又让它依附于什么上面呢？因为先行的空洞的时间不是知觉的对象；但如果我们把这一绝对的存在与以下这种事物相连接，即该事物先前就存在并且一直持续到绝对的存在之时都还存在。那么后者就只是先前那个持存之物的一个规定（状态）。绝对的消失的情况也是如此：因为它的前提是一个时间的经验性表象，该表象中现象不再

存在。(A188/B231)

结论就是,既然我们的确可以感知变化,那我们就需要承认所有的变化必定仅仅只是现存或者持存之物的状态变化。我们永远不能感知到绝对变化,也就是,感知的第一个对象绝对消失然后第二个对象开始绝对存在来取代它(也就是"无中生有")。因为如果这就是可能的感知经验,那就意味着必定存在一段时间,无论这段时间有多短,在其中我们不会感知到任何事情发生。这样是因为,除非康德所称的"空洞的时间"是可感知的(在这个时间段里不会感知到任何事情发生),否则我们明显感知到的第二个对象的绝对存在仅仅只是已存之物的延续感知(虽然在更早的状态中)。因为时间是一个连续体,所以在任意两个时刻之间必定永远存在一段时间。因此,如果没有空洞的时间,第一对象不可能被感知到绝对消失而第二对象不可能被感知到绝对存在。

所以,要么第二对象的明显存在必定在事实上被认为只是第一对象的状态的改变(如此,该对象就永远不会被感知到绝对消失),要么在原则上,感知到第一对象的绝对消失和感知到第二对象绝对存在之间我们可以察觉到一个时间段。然而,第二种可能——即意识到第一对象的消失和第二对象的产生之间存在时间段——是不成立的。因为,正如康德所说"空洞时间不是感知的对象";也就是说,如果没有感知到发生某事,那么我们就不能意识到时间长度。因此,我们感知到的所有的变化必定只是持存之物(实体)的状态变化。对象的绝对的

第二章　先验分析论：我们的自然经验

消失和绝对的存在都不可能被感知到——因为通过获得一段"空洞的时间"，这种不可靠的感知将会无视感知到变化的时间状态。除非我们把变化视为（持存之物的）状态的变化，而不是某个对象的绝对消失然后用另一个对象的绝对存在来取代它，否则就不会存在任何在其中可以感知到变化的时间段——不存在时间长度。并且由于可能经验的对象是现象，而不是物自体，由此可以推出，假设我们感知不到构成了时空对象的实体被绝对产生或消失，那么这种实体就不会产生和消失。（当然，比如桌子和太阳在普通意义上是可以"停止存在"的，前者可以被分解为纸浆，后者可以爆炸，但是根据康德的观点，组成它们的实体依然存在。同样地，当我们说时空对象被"产生"或是"开始存在"，这种产生必定完全使用了一定量的已经存在了的实体。）

在第一类比中，已经证明奠定（牛顿）自然科学的基础的基本原则——即所有的变化自始至终都仅是（实体）剩余物的状态的变化——是一个合理的先天综合判断。虽然这个判断的否定并不自相矛盾（因此它是综合判断），但它必定总是成立的（因此它是一个先天判断）。它必定总是成立是因为它是我们获得时间长度意识的一个条件，在这个时间长度中现象之间的任何变化或共存都可以被单独感知到。此外，既然在感性中呈现给我们的只是零散的表象杂多，那么由此可见，正是知性使得我们有可能意识到时间的长度。感性通过范畴"实体"领会到杂多，知性再将杂多连接起来，从而使得变化（对象改变其状态）成为可能——所以，这样使得时间长度的意识成为可能。如果没有知性的这个行动，那么就不会有关于发生任何改变或共存的经验性意识。

随后的两个类比为实体的必然永恒性奠定了基础。第二类比坚持认为所有的变化必定不仅发生在持存之物上（正如第一类比所证明的）——因此，每一个变化自始至终都是剩余实体的状态变化——并且状态的每一个变化，它的发生必定遵从因果法则（又被称为"充足理由律"）。简言之，状态的每一个变化、每一个事件，都必定有原因（在康德的术语里，"事件"的意义等同于"状态的变化"）。第三类比坚持认为所有的对象，只要它们在空间中共存，那就必定处于一个相互的因果联系之中；也就是说，符合交互性法则（又被称为"共存原则"）。除了第一类比，如果康德能够成功证明这随后的两个类比，那么他就能展示，在本质上时空世界的所有事物都必定处于完全的因果联系之中。

第二类比

（A189/B232-1211/B256）

第二类比要证明的原则是状态的所有改变或变化，其发生都符合因果性法则——或者，更简明地说，每一个事件必定有原因（当范畴"原因性"应用于时间直观上时就产生了这个原则）。

为了解释康德是如何证明这个原则的，让我们一起关注他两个对比鲜明的例子：第一个例子是感知一个对象改变其状态；第二个例子是感知一个（不变的）对象的共存部分。关于第一个例子，他认为我们通过领会前后相继的杂多感知到船顺流而下（从一艘在上游的船到

第二章 先验分析论：我们的自然经验

一艘在下游的船）。关于第二个例子，他认为我们通过领会前后相继的杂多感受到一个房屋的各个共存部分（从房子的屋顶到地下室）。

现在的问题就是：在两个例子中，考虑到构成两个现象的杂多（一个是顺流而下的船；另一个是房屋的一部分）都是被相继领会到的，那么是什么条件可以使得观察者感知到一个对象改变其状态而不是感知到一个稳定对象的共存部分呢？这是康德答案的第一部分。

在包含着事件的现象中，如果把先行的知觉状态称为 A，而把继起的状态称为 B，则 B 在领会中只能跟随在 A 之后，而对 A 的知觉却不能跟随在 B 之后，只能先行于 B。例如，我看见一艘船顺流而下。我对这艘船在这条河下游的位置的知觉是跟随在对它在上游的位置知觉之后的，而不可能在领会这个现象时想要首先察觉到这艘船在下游，然后才察觉到它在上游。所以在这里，领会中的知觉，其相继而来的顺序是确定了的，而领会就受到这一顺序的约束。在前面那个关于房子的例子中，我的知觉在领会时可能从房顶开始，到地下室结束，但也可能从地下室开始，到房顶结束。所以在这些知觉的序列中没有任何确定的顺序规定我必须以哪一点作为开始来将这些经验的杂多连接起来。换言之，如果我要感知到一个对象从 A 到 B 的状态变化，我对杂多的领会必须是由杂多本身中的顺序来恰如其分地决定，即如果这个变化是从状态 A 到状态 B，那么在正常的情况下，我必须就按这个顺序来领会这些状态。因此，如果我要意识到一个对象从 A 到 B 的变化，但事实上，按照这个顺序来相继领会 A 和 B 表象的杂多是不够的；我还需要认为杂多是以一种确定的方式（这种方式与时空世界变化的顺序相称,即从状态 A 到状态 B)决定了我的领会。

这是康德答案的第二部分,但是这个想法成为可能的条件是,我能够察觉出杂多自身是根据某种规则相连接,也就是该规则使我的领会在确定的情况下必然把 B 放在 A 之后。但是仅仅通过感性我无法得到这样的规则:仅通过对杂多的领会,我只能意识到,事实上,表象 B 在表象 A 之后。唯一的选择余地就是知性提供规则,并且在知性的规则中,只有一条规则可以提供我们所需要的察觉。这条规则就是因果法则(充足理由律)。通过将这条法则应用于领会到的杂多之中,我就能思考在 A 的环境中存在着某事物,以至于无论 A 何时发生,B 必定跟随其后发生。一旦知性将这个法则应用于杂多,我就能察觉出,在当前场合下,我对 B 的领会必定在我对 A 的领会之后,因此,我感受到的对象变化是从 A 到 B。

毕竟,仅仅通过领会感性的杂多,无论我感知到的是何种类型的事物的客观状态(或者哪怕我根本就没有客观感知),我们总能相继地领会杂多的各种表象。所以,如果我要把杂多当作一个对象变化,那么就需要在杂多的前后相继的领会之中加入某物,从而使我能够察觉出在这个特别的情况下,我的领会被杂多里的相继顺序所约束。杂多本身受因果法则的支配,正是以上观点提供了我们所需要的察觉。单单因果法则的应用就可以使我察觉出杂多的秩序恰如其分地决定了我对杂多的领会,也就是说,我察觉出在这种情况下,我对 B 的领会必定在我对 A 的领会之后,并且这种领会无法被颠倒过来。

在康德顺流而下的船的例子中,让我们假设在确定的情况下,我

第二章 先验分析论：我们的自然经验

通过感性领会到一艘在上游的船的表象，其后是一艘在下游的船的表象。这个杂多的相继领会本身不能使我知道我正在见证一个对象变化，即一艘船在顺流而下。因为在这种情况下，我需要察觉出我领会的顺序受杂多中相继的顺序的约束。在这种情况下，正是这种察觉，即我对一艘顺流而下的船的领会必定在对一艘在上游的船的领会之后，使我领悟到我正在感知对象的变化（这个变化是一个相继，其存在不同于我的领会，在这种情况下，这就是我的领会受这个顺序约束，并且无法颠倒过来的原因）。可以产生这种察觉的唯一方式就是通过知性将因果法则应用于领会的相继之中，从而产生一种想法，即在上游的船的情况中，存在着某事使得无论何时在同样环境中存在任何相似的船，它都必定顺流而下。一旦我的知性通过这个法则将杂多连接起来，那么在确定的情况下，我就能认为我对这个相继表象的领会受那个顺序的约束。有且只有通过这个方式，我才可以从领会到的各种表象的杂多中感知一艘船顺流而下。

由于感官对象都是现象，所以我们现在可以对第二类比进行概括。察觉出感性直观的杂多受特定的普遍法则的支配，即因果法则的支配，这个察觉使得我们可能将杂多感知为一个正在改变状态的对象。因果规则是一个先天综合规则，它来自知性（在法则之中应用范畴"原因性"）并应用至杂多之中。除非杂多与这个法则相符，否则就不可能感知到状态的变化，并且由于时空对象都是表象，所以由此可见，时空世界中的每一个状态变化，每一个事件，本质上都必定受因果法则的支配。

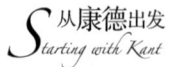

第二类比的反对观点

我认为两个反对观点中的第一个反对观点取决于以下这种可能性,即感知到的事件的时间顺序可能会和该事件的感知顺序不一样。尽管反对的观点也承认,通常而言,伴随着对象变化的感知,我们对于状态变化的领会也会跟着变化本身的顺序而变化,但是这并没有必然性。如果巧妙地装一组镜子,那么可以想象,即使是在顺流而下的船的例子中,主体可能会(通过镜子)先察觉到一艘在下游的船,然后再察觉到一艘在上游的船。一般而言,我们感知到状态变化并不需要领会的顺序必定遵循现象的顺序。但是,反对观点推断,第二类比的论证依靠的是以下声称的必备条件,即在变化的任何感知中,领会的顺序必定遵循现象的顺序。考虑到该反对观点给出的理由,我认为并不存在这种条件,正如我们即将所见,这未能成功地推翻康德的论证。

康德论证的核心就是,在我们感知任何状态变化的过程中,各种表象的杂多的顺序必定通过某种特定的方式决定了我们领会的顺序,也就是决定了这种顺序是不可颠倒的。在正常的情况下,这就导致领会的顺序遵循变化本身的顺序。但是,我们当然也能设想例外的情况,假设第二个状态的领会在第一个状态的领会之前发生(就像镜子的例子那样)。尽管如此,以下论述依然是正确的"(在对这一现象的领会理解中)感知力遵循的一个个顺序是必然的"(A193/B238)。如果我正在感知一个状态变化,那么在这种情况下,我领会表象的方式并不是随意或可逆的;它取决于受因果法则支配而发生的事件(如顺流而

第二章 先验分析论：我们的自然经验

下的船）。但是设想在一些不寻常的情况下，我必须按照与变化本身相反的顺序领会表象（如果我不这么做的话，在这种情况下，我就不能感知到那艘顺流而下的船）。然而，在那种情况下，如果我承认杂多是揭露出一个特定的状态变化（一艘顺流而下的船），那么我需要知道我的领会受其顺序的支配：我需要思考我对于一艘在上游的船的领会必定在对一艘在下游的船的领会之后。因此，我需要察觉出，在上游的船的周围环境中存在某物，无论何时它在同样的环境中再发生，那这艘船必定是顺流而下的（换言之，顺流而下的船的事件受因果法则的影响）——这就是为什么在不寻常的情况下，我必须在我领会到船在上游之前就领会到了船在下游。这种反常的情况并不会对康德的核心观点（即为了感知到状态的变化，我们必定认为杂多受因果法则的支配）产生影响。如果没有这种思想行为，那么主体就不能察觉出领会的顺序是一个"必然的顺序"，那么他就不能感受到状态的变化。

第二个反对观点——经常被称作是不合逻辑的反对观点——它在20世纪经常被一些很有才能的康德批判家所得出。实际上，康德总是被指责犯了一个令人震惊的逻辑错误。他们认为以下的观察结果是正确的，即在任何感知状态变化的确定的情况下，我的领会必定恰如其分地被感知到的变化所决定或成为必然，但康德从这个观察结果中直接得出了（据反对观点宣称）一个完全未经证实的推论，即我们必然可以感知到在所有类似的情况中的同一变化。

假设我在某种情况下感受到水在结冰。在这种情况下，我认为我领会的顺序已经被确定了，这样才证实了我的感知是合理的。（假设这里没有镜子之类的物品,在这种确定的情况下,我认为我必定领会到液态的水之后就是固态的水,这样才能证实我的感知是合理的。)评论家说,到目前为止还算不错。但是从这个观察结果中直接推论出无论何时我感知到液态的水,或者在其他类似的情况下,我都必定能感知到水凝固,这是完全不合理的。这个推论就是公然不合逻辑的推论,它利用了"确定的"和"必然的"这两者之间的含糊性。在一种确定的情况下,被感知到的状态变化的顺序确定主体的领会或者使得主体的领会成为必然,从这个事实中不能得出同样的变化以及由此造成的同样的变化感知就会在其他任何——更不用提在其他每个——相似的情况下确定或者必然再发生。因为在任何其他相似的情况下,在所有展出事物中,没有什么东西可以阻止水沸腾,或者阻止水被感知到即将要沸腾。毕竟,假设水的确在另一种相似的情况下沸腾,那它依然可能会和第一种情况一样(水是冻结的),我对于该状态变化的领会是由世界上的顺序所决定的。因此,它说明了我们不能从正确的观察结果中推断出因果法则必定适用于状态的所有变化,也不能适用于这些变化的所有可能经验,我们观察到的就是在主体的确感知到状态变化的任何情况中,变化本身的顺序恰如其分地决定主体对变化的领会或使得主体对变化的领会成为必然。

这个著名的反对意见并没有适当考虑康德的唯心论。诚然,如果时空世界可以依靠自身而存在——即独立于我们感知它的能力,那么,这个反对观点就是有效的。如果是这样的话,那么很明显就不能从以下观察结果——即在确定的情况下,主体的领会是由状态变化的顺

第二章 先验分析论：我们的自然经验

序所决定的——推断出状态变化本身（和由此造成的状态感知）必定会在每一个其他的相似情况之中再次发生。正如康德自己所解释的："脱离了影响到我们的表象之后，物自体本身是什么样的，这完全超出了我们的认知范围。"（A190/B235）但是我们把康德的论证引入这个方向，即把时空对象设想为现象。那么设想一下，时空对象的世界并不是独立于我们感知或理解的能力而存在。相反，我们通过感性从各种表象（依赖意识而生的现象）的杂多中构造了这个世界。

那么我们将如何把表象的一些序列解释为一个改变其状态的对象呢？第二类比的中心关注点就是要精确回答这个问题。康德没有再次重复他的整个论据，他的答案规划是：（1）为了感知到状态变化，我们需要认为某物恰如其分地决定了我们的领会；（2）在表象的杂多或者序列中没有这样一种事物（至少在感性中我们无法得到这样的事物）使我们能够领悟：某物恰如其分地决定了我们的领会；（3）我们的知性需要将合适的普遍法则使用到表象的序列中，这样我们可以察觉出表象恰如其分地决定我们的领会或使我们的领会成为必然。如果杂多不受合适的规则支配（因果法则：纯粹知性原则中唯一一个合适的法则）：那我们就永远不能认为一系列的表象恰如其分地决定了我们的领会；因此，我们就永远不能将这种杂多感知为状态的变化。此外，如果这种感知是可能的，那么——考虑到康德的唯心论——可以推出状态不会发生任何变化。因此，在现象的领域中，状态的每一个变化、每一个事件都必定受因果律的支配。

不合逻辑的反对观点其具有的重要价值就是它强调了康德"哥

白尼式革命"以及他的唯心论在康德整个批判系统中的重要作用。康德很清楚除非他的唯心论被人们接受,否则要回答休谟式的因果怀疑论是不可能的,也很清楚如果休谟式的怀疑论是可能的话,那么形而上学就无法被放置到科学的安全路径上。的确,康德对先验实在论最激烈的批判之一就是与先验唯心论不同,先验实在论无法为自然科学和数学提供可靠的基础。那些批评家指责康德说他在第二类比中犯了逻辑上的低级错误,而荒谬的是,正是这些批评家自己将先验实在论的观点强加于康德,康德试图努力地反驳先验实在论的观点,反驳的理由就是如果接受了先验实在论的观点,那么康德在第二类比中的论证将不可能成立。

第三类比

(A211/B256-A218/B265)

第三类比试图证明以下原则:所有在空间中可以被感知到共存的对象都处于一个相互的因果联系之中(当范畴"交互性"应用于时间直观时产生了这条原则)。

然而,在第二类比中,康德试图解释范畴"原因性"及其相应的原则(因果法则)如何使我们感知到对象变化成为可能,在第三类比中,他试图解释范畴"交互性"及其对应的原则(交互性法则或共联性法则)如何通过前后相继的感知使我们感知到对象共存成为可能。

康德在此再一次强调,为了能使必要的经验成为可能——这里指的是关于对象共存的经验——我们依然需要察觉出杂多的顺序恰如其

第二章　先验分析论：我们的自然经验

分地决定了我们对杂多的相继领会。除非我能察觉出在我对杂多领会过程的任何时刻，我都能在相反的顺序中领会到杂多的表象，否则我无法感知到两个对象 X 和 Y 的共存——我认为这两个实体的存在与我领会中的存在不同，但是一段时间后，它们的存在至少会等于我的领会。比如，如果通过相继的感知，我感知到地球和月球在确定的一段时间内共存，那么，即使我在地球和月球的领会过程中或许碰巧先感知到地球，后继感知到月球，也必定有可能当我感知地球时，月球就已经被感知到了，反之亦然。康德认为，察觉出在我对杂多的领会过程中的任何时刻，我们领会的顺序可以被颠倒，单单这点就能让我们思考尽管我对杂多的领会是相继的，但是我领会到的事物在空间中不是相继的而是共存的。

但是现在的问题是如何才能产生这种可逆性的察觉。我可能会发现，我对表象的相继的领会之后（X 之后继以 Y），我可以在下一时刻开始将这个顺序反过来（Y 之后继以 X），很明显，仅仅只通过我的感性来领会杂多的话，我无法察觉出领会的顺序可能在我宣称感知到共存的任何时刻被颠倒。但是，如果没有这种我领会可逆性的察觉，我就不能在揭示两个共存对象 X 和 Y 的时候感知到杂多。因此，表象相继的领会中必须增加某个东西；康德认为要增加的东西是一个想法，即在一段时间内，领会到的表象内容处于相互的因果联系之中，这段时间至少与我对杂多领会的时间相等。一旦相继领会到的表象由此被设想为处于相互的因果联系之中，那我就能察觉出在我对相继的表象的领会过程的任意时刻，我的领会顺序都可以被反转；因此，我就能察觉出我正在感知空间中两个共存的对象。

简言之，在领会过程的任意时刻点，我对前后相继的表象的领会顺序可以被反转，正是察觉出这一点可以使得我在领会到的相继的基础上感知到对象的共存。通过认为这些表象相互具有因果联系，也就是通过知性将交互作用或共联性法则应用于表象的相继中，使得这个察觉本身成为可能。康德认为，只有通过这种知性的运用才能通过表象相继的领会产生对象共存的感知。由此我们可以进一步得出，由于感官的对象都是现象而不是物自体，所以所有共存于空间之中的可能对象必定受交互作用或共联性法则的支配。

当然，如果两个物体相隔十分遥远——比如两颗共存的星星分别处于和我们不同的两个银河系之中——那么它们各自发出的光芒到达地球上观察者的眼中所花费的时间将会存在一个巨大的时差。尽管如此，如果观察者基于相继的表象，将这两颗星星感知为共存，那么感性领会的相继行为必定在整个感知共存的过程中是可逆的。尽管在这里感知到共存比感知到的共存对象的实际状态要晚得多（甚至在我们感知到时这些对象可能已经消失了），但是感知以及因此存在两个对象共存的可能性确实要求我们要有这个想法，即对象之间处在相互的因果联系之中。因此，即使是在两个距离相当远的对象的个例之中，将交互作用或共联性法则应用到领会到的表象之中仍然是感知共存的条件。

第二章　先验分析论：我们的自然经验

三大类比的两个关键点

第一点：

在我们讨论三大类比时，一个问题自然而然地出现了，那就是主体如何开始将特定的范畴（而不是一切其他范畴或者根本不用范畴）应用至确定的杂多上。一些评论家认为，在康德看来，知性的作用就是把范畴应用至混乱的一团表象，从而进行重新安排这团混乱的表象，使其成为有秩序的时空宇宙。当然，这个解释完全无法阐明特定的范畴是如何应用到特定的杂多而不是其他杂多上去。但是事实的确是康德自己的一些评论催生出了以下这种想法，即他认为通过应用范畴，正是我们自己通过重新安排混乱的杂多而引出了秩序。因此，在 A 版本的先验演绎的结尾，康德写道：

> 因此表象中的那些秩序和规律性，我们也称之为自然，其实是我们自己引出来的。要不是我们自己，或者是我们的本质心灵一开始就将它们置于现象之中的话，我们就永远不能在现象中发现它们。（A125）

尽管如此，如果看到这种评论就以为康德认为，我们的知性能将本质上混乱的杂多加工为有序的表象相继，这就是一个严重的错误。相反，康德的观点是如果我们要感知任何对象，获得任何对象的感性知识，那我们必须将杂多领悟为是受（绝对）普遍的和必然的法则的影响,对象的完全合乎法则的自然无法从我们的自然感知中衍生出——因为只通过感知无法发现任何绝对普遍的法则——但是必定可以通过我们自己衍生出,也就是通过将范畴应用到表象的杂多之中。这就是为什么在刚刚引用的那段话之后他立马又继续写道,因为这个自然统一性应当是一种必然的,也就是一种先天确定的各种现象联结的统一性;但假如不是我们内心的本源的知识来源中包含有这样一种先天统一的主观依据(也就是知性的纯粹概念),又假如这些主观条件,只要它们作为在感知中认识一个对象可能性根据,却同时在客观上无效的话,那我们就无法建立其综合的统一性(A125/6)。但是首先,除非确定的杂多本身拥有一种可以使得这个应用成为可能的秩序,否则我们无法应用范畴。当然,康德并不是宣称我们感性直观的形式中呈现的杂多,即使它是由表象混乱的相继组成,感知也是可能的。相反,杂多是表象的特定顺序,通过感性被反复领会,无论范畴"原因性"或"交互性"是否应用到我们领会到的杂多之中,它都是不变的。但是,正如我们刚刚提到的,由于杂多的顺序意识是从感性中领会的,所以它永远不足以使得经验成为可能,因为至今没有任何具体限定或确定的理解——所以对"对象"的感官论定也无法产生。只有知性和其范畴一起共同产生作用才有可能确认对象;理解正是通过将杂多置于普遍必然法则之下才得以实现的。但是除非杂多本身的秩序符合这些法则,否则就无法应用这些法则。

　　康德所反对的观点——他认为是休谟的观点——就是对象处于完全的因果限定之中仅仅只是时空世界(自然)的一个偶然的特

第二章 先验分析论：我们的自然经验

征；所以有可能我们发现这个世界处于混沌或混乱之中，或者（事实上并不会这样）我们可能发现在未来的某一时刻中世界变得混乱。康德宣称，一旦人们承认感官的对象是现象而不是物自体，那么就不可能出现以上断言。为了能使感知成为可能，时空对象必定处于完全的因果限定之中；那么这就需要我们必须能够察觉出感性给予我们的各种表象的杂合符合（绝对的）普遍的规则，该规则应用了我们知性的范畴。

第二点需要强调的是，在宣称以下结论之时，即已经展示了因果法则、交互性法则和实体永恒法则都是支配时空世界的基本的先天综合动力性法则，那么任一现象的原因是什么（还有类似的，在所有变化中什么实体是永恒的），康德并未宣称对此拥有任何先天知识。比如，康德认为船顺流而下的经验性的原因和月球与地球之间经验性的相互因果联系依然完全是科学研究中的问题。我们单独宣称的是我们可以先天地知道就是存在某种因果关系或者相互的因果联系支配着这些事物各自的对象状态（一方面，船顺流而下；另一方面，地球与月球共存）。当然，这一点同样适用于对象的其他任何的状态变化或共存。但是，任何一个宣称，只要它指出了造成何种确定现象的明确的经验性原因，那在我们看来，它都必定是后天综合判断。只有因果性和交互性纯粹法则（或原则）才是完全先天综合的，但所涉及的概念意义均不正确（因此它们两者都是综合判断）；但是因果性法则必定适用于任何对象的状态变化，而交互性必定适用于对象之间的任何共存（因此它们都是先天原则——因为必然性和普遍性是先天判断的两个

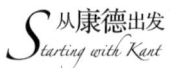

确定标准)。除非各自的原则适用于各种表象的杂多,否则这些时间现象——对象的状态变化或对象的共存——全都无法被感知到。因此,就这些经验而言,因果性法则和交互性必定成立。

第五节 回到先验演绎

之前我说过掌握三大类比中的论证可以帮助我们理解(高度抽象的)先验演绎,现在我必须要实践这一承诺了。

从三大类比中得出的一个重要结论就是如果一个主体要把各种表象的一个杂多察觉为时间现象,那么构成这个确定的杂多的相继表象,它们的连接或合成必定(通过知性)与范畴相符,因此必定也与普遍的规则相符。这个合成体必定与普遍的规则相符是因为主体无法通过其他的方式认为杂多的领会受某物的约束或者使之成为必然,并且如果认为杂多的领会不受某物的约束或者无法成为必然,那么通过杂多,不可能获得任何存在于时间中对象的经验。正是主体察觉出领会必定以特定的方式被约束或成为必然才能使得其特定类型的对象的经验或事物状态的经验成为可能(比如,主体察觉出正是相继表象的领会被束缚于那个顺序——通过知性将因果性法则应用于领会到的杂多之中——这样才可能使得主体将杂多感知为正在改变状态的对象)。正如康德所解释的:"现象中包含着领会的这一必然规则条件的事物

第二章 先验分析论：我们的自然经验

就是对象。"（A191/B236）

简言之，三大类比解释了特定的范畴是如何通过将时间直观的杂多带入意识的统觉从而使得时间中特定类型的经验成为可能的。更具体而言，就是把确定的零散的时间杂多构想为被范畴"原因性"或"交互性"支配，主体就能在时间意识的一个行为之中，将一系列的表象连接起来，也就是一方面，通过构想表象形成一个改变状态的对象，或者另一方面，通过构想表象形成对象的共存。此外，除非关系的范畴（实体，原因性或交互性）可以被应用至杂多之中，否则，通过这一杂多，无法产生时间中存在的任何对象的知识。因为，如果这些范畴之中没有一个能应用到时间直观的杂多上的话，这就意味着我们无法在一个时间意识的行为之中思考到这个杂多：因为当这些范畴被应用到我们直观的时间形式上时，它们提供详尽的规则的集合从而使得我们能够认为杂多形成了在时间中的任何确定的关系（作为一个持存的对象，一个对象的状态变化或者对象的共存）。但是，如果杂多不能在时间意识的一个行为中被思考到，那么没有一个主体可以将该杂多的所有的表象意识成一起存在于时间之中，因此，以那个杂多为基础，也就没有任何主体可以意识到任何存在于时间之中的对象了；因为所有存在于时间中的对象都只是现象，由此可知，如果没有主体能意识到时间中的任何对象，那么时间中的对象就无法存在（同理，空间中的对象也是如此）。

通过理解范畴"实体""原因性"和"交互性"是如何使得我

们——时间——经验成为可能,我认为现在我们可以更加清楚地理解为什么康德在先验演绎中认为范畴在任何直观的感性形式中使得经验成为可能。因为只要范畴可以被应用到感性直观的杂多之中,那么主体就能意识到该杂多的所有表象。要产生各种表象杂多知识,也就是主体必定意识到那个杂多的所有的(零散领会到的)表象,其基本条件就是如果这些表象可以在一念之间、一个意识行为中被组合起来,那么这种知识才成为可能。

至于感性直观的任何杂多,只有杂多能被察觉为和范畴相符,那么才有可能将各种表象在一个意识行为中结合起来。因为范畴是心灵的基本且详尽的方式,用来将感性直观的杂多结合成统一的直观(因此也是在一个意识行为之间构想到杂多的详尽方式)。比如,在时间直观中,当被应用到各种表象的一个杂多中时,范畴"原因性"使得我们可能把那个杂多意识为状态变化。在这里,在确定的时间直观的形式中,这个范畴将杂多结合为单个的时间单位,也就是将它结合成一个正在改变其状态的现象。同样地,当范畴"交互性"被应用到时间直观的杂多中时,它使得我们有可能将那个杂多当作单个的时间单位(尽管是不同的时间单位),也就是共存的现象。

一旦接受以下这点,即感性直观的任何杂多若要被总体感知,那它必定和范畴相符合,那我们就可以知道我们感官的任意对象的经验是如何依靠范畴的。因为感官的对象总被认为以一种特定的方式决定着我们领会杂多(因此,在时间中感知一个对象改变其状态或者感知

第二章 先验分析论：我们的自然经验

对象共存。主体对于其杂多的领会受该对象的安排和束缚：在第一个个例中，领会必定被视为不可逆的，而在第二个个例中则是可逆的）。因此，主体是否可能感知到任何感性直观的对象这就取决于主体是否能够认为该杂多确定了它被领会的方式或者使得它被领会的方式成为必然。然而通过感性，杂多的各种表象仅仅在直观中被零散呈现：单单仅通过感性，通过领会表象，无法产生任何必然性的观点。因此，如果各种表象的任何杂多要被感知为体现出感性直观的对象，那必定是知性使得我们察觉出我们的领会是受束缚的，知性认为杂多受某些普遍自然的法则的支配。因此，范畴是知性最基本的规则，可以在任何感性直观的形式中结合或者统一表象，由此可见，只要杂多被认为与范畴相符，那么感性直观的对象就是可被了解的。此外，既然感性直观的所有对象只能被我们感知到或了解到才能存在——它们通过范畴由各种表象的杂多组合而成——那进一步可以推出感性直观中所有的可能对象都必定符合范畴。

* * *

毫无疑问，关于先验演绎的前提和纯粹知性原则的证明将会引起大量重要的问题。有两个问题尤其值得细究。第一个问题，康德真的成功展示出了范畴是一个详尽的列表，列出了心灵将感性直观的杂多统一起来的各种方式？第二个问题，空间和时间等同于我们的感性直

观的形式,因此它们只是组成了我们心灵的特性,康德这个观点正确吗?但是考虑到他的前提,和其他很多哲学家相比,我要挑出先验演绎和原则中的核心论据的错处似乎更难。

第六节 驳斥(有问题的)唯心论

虽然先验演绎并没有直接解决对外感官对象存在的怀疑论——我们拥有这些对象的感性知识都是虚构的,以及这种经验如何成为可能——康德在后面的确与关于空间中对象的存在问题的怀疑论正面交锋了。他在《纯粹理性批判》的版本B中讨论了这个怀疑论,在纯粹知性原则的分节里,标题是"驳斥唯心论"(B274—279),还有很多其他的地方也讨论了这个问题,最著名的就是B39—41和B291—293。康德还在A版本里的第四谬论(A366—380)中讨论了这个问题,但是在那里他并没有试图展示笛卡儿式的怀疑论者的观点是自相矛盾的。我的大部分评论都基于B版本的论述。

康德将笛卡儿式的怀疑论者,或者是这种类型的怀疑论者称作"有问题的唯心主义者"(这是笛卡儿采用的怀疑论观点,该观点与主体对空间对象的知识相关,但他没有证明造物主是不骗人的)。笛卡儿式的怀疑论者并不怀疑他们自己的持存,但是却怀疑空间中对象的存在。怀疑论者怀疑的理由取决于以下假设,即先验实在论在主体和空间中对象之间的关系的描述上是正确的(考虑到这种对象存在的时

第二章　先验分析论：我们的自然经验

刻）。在这个假设下，怀疑论者认为空间中对象的存在必定是可疑的，因为我们不得不从存在于我们心灵（只在时间中）之内的资料、有序的表象和其他我们心灵内所有事物中推论出我们心灵之外的（也就是空间中）对象的存在。这种推论永远不能成为必然，它最多只是或然的。因为在先验实在论者看来，我们永远无法获得关于空间对象任何立即的意识——我们获得的只是这些对象的表象，如果这些对象存在的话，由它们在我们心灵中产生表象——那我们是如何知道这些表象不是由某些完全异于空间对象的事物产生的呢？如（非空间的）恶魔或者我们心灵中的其他事物。

因此，这就是由笛卡儿式的怀疑论者，即有问题的唯心主义论者发出的挑战。康德试图扭转局势，通过证明如果先验实在论者关于空间中主体和对象关系的概念是正确的，那么我们显然就不可能拥有这种自我意识，即自己是时间上广延的主体（但是所有人都公认我们有这种意识）。康德的证明取决于这样一个主张：如果正如先验实在论者所坚称的那样，我们可以立即感知到的——也就是非推论得到的——万事万物存在于我们（仅仅被理解为时间中广延的存在者）的心灵之中，那么建立起时间长度的意识的基础就不复存在。因为所有在内直观中遇到的事物，通过内直观可以产生时长的意识，这些事物是零散事件（表象）的序列或杂合；这些事物通过自身不足以获得这种时长意识。正如康德在第一类比中所评论的："在单纯的相继中，存在总是生生灭灭，绝不具有丝毫的量。"（A183/B226）但是，如果表象的序列在内感官中被相继领会，它自身不足以产生时间长度的意识，

那么它也必定同样不足以使主体拥有在时间中广延的自我意识，即在一段时间内存在的自我意识。

但是在先验唯心论看来，空间中的对象是立即地——而不是间接地（推论地）被感知，也就是说，它们是被直观到的；并且康德宣称，在这后者理论（先验唯心论）的支持下，我们极有可能拥有时间长度的意识。只要直观到一个对象改变其空间状态，就能使得以上成为可能。通过察觉同一个对象在空间中移动，主体可以获得时间长度的意识，也就是在这个时间内对象可以在其中被观察到空间变化。一旦时间长度的意识通过外直观的形成，那么主体就能相应地把自己意识成在时间中广延的存在。换言之，我们可以通过立即感知空间中对象改变其状态，从而获得自我意识，将自己作为在时间中广延的主体。因为在我们内部中——也就是我们的内直观中——除了零散的表象的相继外（并且这种"单纯的相继"不能给我们提供时间长度的意识）没有呈现出任何事物，那么时间广延的意识就只能来自外感官。说得更具体一些，以下认知，即同一对象已经穿过空间，该感性认知可以给主体提供持存对象的意识，从而在那个空间经验中提供主体自身持续存在的自我意识。因此，这个运动着的对象的相继领会被认为是同一持续主体的不断变化的状态——不断变化的意识状态。

因此，康德认为正是这个条件，它使得笛卡儿式的怀疑论者把自己意识成时间中广延的主体或是认为持续存在成为可能，这个条件证明了怀疑论者关于我们之外对象的存在——也就是存在于空间中的对象的怀疑是不可能的。同时，这个证明展示了笛卡儿式的怀疑论者的

第二章　先验分析论：我们的自然经验

理论，即关于空间中主体和对象所希望的对象的关系，也就是先验实在论必定是错误的。根据这个理论，立即的意识必然是由我们（被认为是时间广延的存在者）心灵中零散的表象相继组成：因为不可能直接地意识到外在对象所处的空间——也就是直观到外在对象所处的空间。相反，空间及其对象（对于先验实在论者而言就是物自体）都被认为是从我们心灵中领会到的各种表象的相继之中推论而出的。但是这种我们自身和空间中对象的关系的观点必须要求，我们不可能拥有在时间广延中的自我意识。因为尽管先验实在论者宣称我们拥有在时间中存在的立即的自我意识（但是没有存在于空间中的立即的对象意识），康德已经证明我们拥有存在于时间中的自我意识的可能性——先验实在论和先验唯心论者都一致同意我们的确拥有这个意识——这个可能性需要我们拥有立即的，也就是非推断性的时间对象的感知意识。如果我们仅仅试图从内直观中呈现的相继零散的表象中推断出空间对象的存在的话，那么我们毫无疑问就能拥有存在于时间中的自我意识。如果无法立即意识到对象的空间运动，那么就不可能意识到时间长度，主体也就不可能意识到自己的时间存在（感知到对象在空间中运动）。

　　似乎在驳斥（有问题的）唯心论的过程中，康德违背了他之前再三强调的立场，即空间只能以我们感性的形式存在，因此其存在和心灵一样。但是事实并非如此。康德宣称，我们可以证明对象在空间中存在于"我们之外"，我们只是作为存在于时间中的主体而被感知。他的观点是除非我们可以立即感知到在外直观（空间）中的对象，否则我们无法意识到自身在内直观（时间）中广延的存在。他并不是宣称为了意识到我们自己是时间中广延的主体，我们就必定要立即意识到物自体。立即意识到物自体是不可能的，即使是在先验实在论者看来也是不可能的。并且，在任何情况下，当"我们之外"这个表达被应用到物自体上时，康德指的并不是空间中的任何事物——但是"我们之外"这个表达在有问题的唯心论中的讨论中，它的确指的是空间。正如他在A版本第四谬论中所说的："我们之外"这个表达在意义上带有某种不可避免的含混性，有时候它意味着独立于我们存在的物自体，有时候又意味着仅仅属于外部现象的东西，所以为了使得这个概念在后者意义上摆脱含混性，我们就要把经验性的外部对象直接称为"可以在空间中找到的事物"，而与那些在先验意义上或许被称作外部对象的事物（即物自体）区分开来。当然，"经验性的外部对象"——我们可以把它感知为外部对象（因此，也就是把它当作存在于空间中）——也就是康德在其驳斥中所指的东西，它们就是外现象，而不是物自体。因此，在和有问题的唯心主义者辩论时，康德并没有撤回自己的观点，即空间只属于我们感性的形式，并且空间的对象都只是现象。相反，他在重申他的观点，即空间对象是现象而不是物自体。因为康德坚持认为只要它们是现象，那么我们就能意识到自己是时间广延的存在者。

康德驳斥唯心论的主要观点摘要如下。笛卡儿式的怀疑论者认为，我们（假设是在时间中存在者）通过感知非推论性地意识到的所有事物，是一连串零散的表象。那么在这个观点之下，尽管我们每个人

第二章　先验分析论：我们的自然经验

宣称在整个这些表象序列之中，我们自己意识到了自己持续的存在，但是我们获得存在于我们之外的空间中的对象知识的唯一方式就是通过我们（被认为是时间广延中的存在者）内部的这些序列表象推论出它们在物自体中假定的原因。因此，笛卡儿的理论认为，空间中的对象就是物自体，并且最多只能被间接感知到。这就是为什么先验实在论者变为笛卡儿式怀疑论者或有问题的唯心主义者的原因。一旦空间中的对象被当作物自体，我们就不能确定它们的存在了（假设我们没有确凿的证据证明上帝是不骗人的）。正如我们已经看到的，康德的回应就是，为了能意识到我们自己的持续存在，我们必定拥有对空间对象直接的而不是间接的感知——更严格地说感知到的是空间中运动的对象。意识到我们自己是时间广延的存在，这恰好要求空间中的对象不是物自体，而是外感官中的现象，也就是说，它们处于我们的外在感性直观中。

第七节　总结先验分析论

在这章开篇我就说过，在先验分析论这章，康德开始解释先天综合判断在纯粹自然科学中如何成为可能。也就是说，康德给自己定了一个任务，他要解释我们拥有的先天综合判断如何为自然科学奠定基础。

我们已经知道纯粹知性原则——最重要的是这些原则和三大经

验的类比有关——是基础的先天综合法则,支配着所有可能的时空对象的存在和表现。因为纯粹知性原则规定了各种普遍的和绝对的基础规则,这些规则支配着我们所有时空对象的可能经验。因为时空对象仅仅是现象,所以这些原则同样也规定了种种基本规则,这些规则支配着所有可能的时空对象的存在和表现。因此,它们就等同于纯粹自然科学的法则。

尽管凭借涉及的各项词语的意思,纯粹知性原则并不是正确的(它们不是分析性的),也无法依靠经验来被证实(它们不是后天的),但是它们的确是可被证实的。因为正如康德已经展示的,如果时空对象(现象)的任何经验能够成为可能,那么这些先天综合原则必定适用于表象的杂多;也是因为,鉴于康德的唯心论,时空对象是独立自存的。因此,在第二个经验类比中,他已经证明的先天综合原则"每一个事件必定有原因"使我们可能感知到对象变化。如果我们能够获得正在改变状态的时空对象的任何经验,那么确定的杂多必定受充足理由律(也就是因果法则)的支配。因此,在康德的唯心论看来,时空对象只能根据那个原则来改变其状态。

总而言之,我们拥有纯粹的知性原则——所以就等同于拥有了自然科学的基础法则——正是因为它们使用了我们的经验,我们对时空对象的感知成为可能。如果这些先天综合法则(或原则)并不适用于来自时空直观的事物,那么时空对象就无法存在。这就解释了它们的可能性。

一个相似的方式也适用于解释数学里的先天综合判断如何拥有

第二章 先验分析论：我们的自然经验

客观可信性，也就是适用于空间或时间中所有的可能对象。尽管涉及时空对象的数学判断凭借其涉及的各项词语意义并不具有必然性，但是我们要获得这些对象在结构形式方面的任何可能经验的话，就必须用到它们。因此，它们对时空中存在的所有对象而言也是必要的。由于感官的对象是现象，而不是物自体。因此，像时间和空间，它们只能存在于我们可能的直观之中。现在数学判断必然适用于我们的纯粹直观，也适用于时间和空间的结构（在先验感性论中已证明）。既然现象都是经验直观，那它们必然"作为时间和空间中的直观，必定要通过同一个综合体而被表象出来，由此，一般的时间和空间就被规定了"（A162/B203）。换句话说，纯粹数学的先天综合判断——它们规定了空间和时间的结构——必定同样还规定了时空对象的结构形式。因为时空对象仅仅只是现象，它们每个都由各种表象的确定的杂多构造而定；而每个杂多都是以时间和/或空间直观的形式呈现给我们。所以，适用于纯粹直观（在任何数学证明的构造中）的构成的同一数学规则必定同样适用于经验直观（在任何自然对象的知觉或想象之中）。这就解释了纯粹数学的先天综合判断是如何既适用于时空结构，又适用于对我们经验的所有可能对象，还适用于空间或时间中存在的所有对象的。

* * *

如果我们假设先验分析论已经证明了范畴使得经验成为可能，具体而言就是，纯粹知性的原则使得我们的时空经验成为可能，那么康德就做出了如下推论：既然这些原则和先天综合法则奠定了自然科学的基础，那么形而上学的第一部分——关于我们自然知识的基础的那部分——就被证明是合理的了。因为已经证明这种知识其基础是先天概念（范畴），而先天概念属于我们理论理性的能力（理论理性就包括了知性）。所以，在康德的形而上学的观念看来，如果要把任何先天知识算作形而上学的知识的话，那它必定完全产生于我们心灵的（先天）理论理性能力（这顺带解释了为什么在康德看来数学的先天综合判断不能算作形而上学知识的例子：因为它们需要求助于先天直观，它们并不单单只依赖我们的理论理性，还需要我们的感性能力）。关于形而上学第一部分的目标，康德认为他在形而上学领域"哥白尼式的革命"已经产生了一个非常确定的结果。他展示了纯粹自然科学的法则依赖于心灵自身的先天概念（范畴），并且这些范畴自身都已经系统详尽地从知性的判断形式之中被推导而出，所以形而上学就已经被安置在科学的可靠路径之上。

  但是很明显，这种形而上学第一部分的确定结论，其先决条件就是我们可能经验的对象是现象而不是物自体。正是把范畴应用到时空直观中呈现的表象上才使得我们了解对象（作为现象）。但如果在形而上学中获得完全超出经验（超出感性直观）的对象的先天知识——即形而上学第二部分的任务——那前景就远没那么乐观了。这是因为从理论的目的上来讲，我们无法应用范畴去描述超出任何可能感官经验的对象的特征。因为随后就没有这种感性直观了，在这种感性直观

第二章 先验分析论：我们的自然经验

下范畴可以参与，从而规定或者描述出感性直观的对象的特征。换言之，为了获得对象的任何理论知识，范畴能独立于任何感性直观而被我们应用。只有当范畴应用到感性直观呈现出的事物中时，它们才能为了理论目的规定或者描述出资料的特征。比如，就人类而言，将范畴"原因性"应用到我们直观的时间形式呈现的事物中，那么仅原因"原因性"就具有了确定的理论用途。当被这样应用时，就产生了这样一个原则：状态的每个变化——时间现象——都必定有原因。一般而言，只要范畴和某些感性直观的形式连用，它们就有可能确定资料。（在例子中，范畴"原因性"被用来确定是否在我们直观的时间形式中被呈现出来的资料组成了状态的变化。）因此，从理论的观点看来，范畴不能被用来确定或者描述关于任何物自体的特征，因为它们从未在感性直观中被呈现出来。然而，范畴详尽地包含了心灵的先天概念或者心灵思考任何资料的方式。因此，我们就没什么理由期待仅仅通过行使我们的理论理性，就能规定任何超出可能经验的对象的特点，无论这些特点是积极的还是消极的。

在分析原则的末章，康德在总结部分陈述了为什么通过理论理性获得的是确定的结论，这些结论是关于可能感官经验的对象，无法适用于完全超出这种经验的对象。就是在这里他介绍了著名的现象与本体的术语区别，并且为我们对他在形而上学第二部分的详细批判做好准备，该批判在先验辩证论中进行。

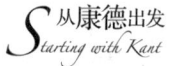

现象与本体的区别

（A235/B294-A260/B315）

> 你如果把物质一切可觉察的性质（不论是原始的还是次等的）都剥夺了，那你差不多就把它消灭了，作为我们知觉（或表象）的原因，只留下一种不可知、不可解的东西，这个莫须有的意念太不完全了，所以没有一个怀疑论者会以为它是值得辩驳的。（大卫·休谟《人类理解研究》）

在解释现象与本体的区别之前，康德强调以上观点，也就是知性的纯粹概念（范畴）需要感性直观来赋予它们任何确定的意义：实体的纯粹概念、原因性的纯粹概念、交互性的纯粹概念等，这些概念只有联合感性直观（当然在我们这里，感性直观指的就是时空直观）才能获得意义。因此，康德警告说在先验辩证论里更集中地批判之前，如果我们假设能通过理论理性的方式应用范畴来了解任何确定的关于现象的理由和根源，也就是物自体，这种想法是错误的——因为这种根源本质上不是任何感性直观的对象。

但是，在强调这点的时候，康德也承认我们有两种方式去思考物自体，并且在概述这两种方式的区别时，康德首次使用了一些专业术语，并且在后面他经常使用这些术语。他将时空对象称为"现象"，把物自体称为"本体"，因此，相应地，"现象世界"指的就是我们感官将事实和可能的对象当作一个整体，而"本体世界"指的是物自体的整体，无论某个特定的物自体（或本体）是否被认为是任何现象

第二章　先验分析论：我们的自然经验

的根源。

现在，有了这些术语，康德将谈论到本体可能混淆的两个意义区分开来：积极意义上的本体和消极意义上的本体[①]。康德强调只有在前者的意义上，即消极意义上进行讨论，才可以基于理论理性而被证明合理——即便形而上学家们在宣称积极意义上的本体时，已经反复假设它们是合理的。

要讨论消极意义上的本体就是要承认现象世界——也就是通过我们知性和感性了解到的世界——并不是存在或者可能存在的世界，甚至从理论的观点来看，我们的假设，即存在一个对象（或多个对象）产生了这些现象，这个假设也是不合理的。只是因为我们的理论知识受限于，并且（考虑到我们的认知能力）必然受限于感性直观中呈现的事物，所以也就受限于现象世界。因此，我们不应该假设这就是所有存在的事物，并且具体而言，我们不应该假设组成现象（感性实体）的表象在感性世界之外不存在原因或依据。事实上，康德相信本体必然是存在的。因为这些对象不能通过感官而被了解，所以它们必定只是思维的对象，或者康德所称的"知性物"。

毫无疑问，与感官物对应的的确有知性物，哪怕我们的感性直观能力与之完全没有关系的知性物也可以存在，但我们的知性概念作为我们的感性直观的纯然思想形式也丝毫无法应用到它们身上。因此，我们称为本体的事物就必须被理解为消极意义上的本体。

和这种消极——并合理——意义相反，如果有人在积极意义上讨

[①] 积极意义上的本体是指用理论理性来获得本体的信息知识，而消极意义上的本体是指用实践理性来获得本体的信息。——译注

论本体，这就是要在谈论本体的时候好像我们有理论能力来描述这些实体的本质特征。康德认为这完全是不合理的。我们拥有的描述对象的唯一概念就是范畴（经验概念依靠的就是它们）。但是除非这些范畴被应用到感性直观（在我们这里指的就是时空直观），否则这些范畴缺少理论意义。据推测，因为本体不是感性直观的对象，所以我们不能以任何直接的方式描述它们的特征。我们最多能做的就是以一种纯粹关联的方式去思考本体，也就是说，无论它们是什么，就把它们当作是实体，是现象的根源或原因。类比之下，基因曾经仅仅被认定是遗传特征的原因。区别就是后面的观察和实验使我们能够确定地描述基因的特征——详述出它们的化学构成和弄明白它们是如何产生影响——尽管在原则上我们不可能通过观察或者理论理性弄清楚本体的内在本质是什么。

只要我们拥有一种完全不同于我们自己的知性，即康德所称的"理智的直观"——那我们就能拥有关于本体是什么样的任何理论知识。这种知性是理智的，就像我们自己的知性，但是它又不同于我们的知性，它自身就足以描述出本体的内在特征。我们不仅缺少这种能力，我们甚至也无法形成一个概念，弄清楚这种能力是什么样的。事实上，康德认为或许只有上帝或"始源存在"才有这种能力（参见B71—72）。

形而上学家努力要建立的形而上学的核心观点——这个观点完全超出经验——鉴于康德解释了为什么他们的努力注定是失败的，所以让人似乎有点惊讶的是康德竟然在先验辩证论中费了如此多工夫来揭示形而上学家们在证明中涉及的谬误。如果康德能够详尽地解释他的总体

第二章　先验分析论：我们的自然经验

分析，那么康德的观点可信性就会大大提高。也就是说，康德要一例一例地展示形而上学家们使用的论证确实是失败的，因为在先验分析论中，康德就已经预测到，使用范畴除了可以让经验成为可能之外（通过将范畴应用到感性直观），它们无法给我们提供任何理论知识。但是还有一个更深层次的原因。如果形而上学关于本体世界的某些论证，它们互相之间存在无法解决的矛盾，那么要否决形而上学家的观点就需要提供另外的理由来通过单一的方法，即理论理性接触到本体世界。

最后，在康德先验分析论结尾的综合评论中，和在即将要讨论的先验辩证论的详细论证中，我们极其需要注意的一点就是他在批判形而上学家谈论积极意义上的本体时，指的只是通过理论理性获得本体知识。尽管存在一些相反的建议，康德在我们关于对象的先天可能知识上设立了限制，即我们从感性直观中可以得出的事物完全限制了先天可能的知识，这个限制并不是要排除以下这个可能性，即我们的道德经验，它包括了实践理性的应用，也许它能够确定本体世界的一些积极的事物。正如康德的第二部批判著作《实践理性批判》中所证明的，他自信实践理性的应用将会做到这一点。同时，他也没有违背自己的重要立场，即本体世界会提供我们一些方式，使用这些方式可以在具体内容方面确定经验世界（自然）是什么样的，但我们不可能发现任何本体世界的知识。自然是感官联合知性的职能。尽管我们可以，事实上，我们是必定拥有某个关于自然的形式的先天综合判断——数学判断和纯粹自然科学的原理——自然世界作为一个完全确定的系统，我们的道德经验给予我们的先天知识对我们的自然世界的概念并没有什么作用。自然世界的具体（经验性的）知识只能通过感官经验获得，所以它们是后天经验。

* * *

但是现在，有人也许会说康德的唯心论必定使得感官经验不可能给予我们任何可信理由来相信其他众生的存在。因为在这个理论之下，构成自然（现象）的对象，其存在依赖感性的时间和空间形式（依赖心灵），那我如何确信会存在其他任何有意识状态的事物呢？我将必须借助推论，从在我直观的时空形式里的现象推论出其他独立于我心灵的众生的存在。这种推论，正如康德自己承认，充其量只是一个有风险的推论。简言之，康德的先验唯心论产生了一个严重的持怀疑态度的问题，即怀疑其他心灵的存在。

先验唯心论的确产生了怀疑其他心灵存在的问题，虽然要否认这点是愚蠢的，但是还不明确这点是否为关于感官对象的关系的对手理论，即先验实在论，提供任何反驳证据。先验实在论者已经借助一个推论甚至借助一个宣称来了解时空对象的存在，更不用提是否这些时空对象中的一些对象——具体而言，就是人类——是现实存在的（假设如果要证明众生可以被归结成一些时空对象，那么就需要进一步的推论）。因为，在先验唯心论者看来，有各种坚定的理由可以反驳先验实在论，更何况先验实在论还需要借助推论来试图建立经验的对象，所以关于其他心灵的存在问题——至少这个问题无论是对先验唯心论者还是对先验实在论者都同样困难——不能成为反对先验唯心论而赞成先验实在论的理由。

先验辩证论：
纯粹理性的范围

第三章

在先验辩证论中，康德详细展示了为什么形而上学的第二部分——该部分与超出任何可能感官经验的问题相关——无法给我们提供任何知识。

在这部分，形而上学与本门学科中的三个核心问题相关：上帝是否存在、意志是否自由和灵魂是否永恒。此外，这部分还和一些更深层次的问题相关，这些问题超出了我们任何可能的经验，这些问题关于整个时空世界的年龄和尺寸以及这个世界的最终构成。

先验辩证论分为三大主要部分：一是纯粹理性的谬误推理；二是纯粹理性的二律背反；三是纯粹理性的理想。在这些部分中，康德主要关注的是批判形而上学家们以下的努力，他们试图只通过使用理论理性来建立实质性的结论，如：(1)灵魂和思维主体（在纯粹理性的谬误推理之中）；(2)整个时空世界包括它和意志自由之间的关系（在纯粹理性的二律背反之中）；(3)上帝（在纯粹理性的理想之中）。

第三章 先验辩证论：纯粹理性的范围

第一节 纯粹理性的谬误推理

（A341/B399-A405/B432）

康德把那些试图证明灵魂永恒的形而上学家称为"理性心理学家"。他这样称呼是为了强调他们与经验心理学家不同（经验心理学家对我们思维的内容感兴趣），理性心理学家的证明仅仅基于这样一个事实，即每个思维，无论其内容是什么，都永远被我们当作自我意识的主体：就是思维主体或者"我"。具有自我意识的思维主体的结论，在理性心理学家看来，这个思维主体可以超越感官所获得的经验，但又可以通过理性论证得到证明。但是理性心理学家认为，可以在理性论证的基础上证明这个思维主体。

理性心理学家对灵魂或者思维主体做出了四个重要宣称：第一，灵魂是实体，或者是自我存在的实体（因此灵魂就不仅仅是其他某些事物的特性）；第二，灵魂是一个简单实体（所以不能被分割或者分解成不同部分）；第三，灵魂是一个持续存在的实体；第四，灵魂独立于所有事物而存在。如果可以通过纯粹（理论）理性来证明这四个宣称，那么理性心理学家就能得到我们通俗意义上理解的这个结论：灵魂是永恒的。既然我们可以展示灵魂或者"我"（思维主体）是无法分解的实体，并且其持续存在不依靠任何物质，那么由此可以推出灵魂不会因为仅仅肉体消亡就消失（但是康德指出，即使灵魂是一个简单实体,无法通过被分割而消失,但它可能依然——依靠肉体——随着肉体消亡而其能力逐渐减弱最终消失,参见 B413—415)。

但是理性心理学家打算如何建立起以上四个宣称呢?这些宣称中没有一个可以以我们的感官经验为基础而建立,也就是没有一个可以凭借我们在俗世生活中获得的感性证据为基础而建立。因为没有这种感性证据可以证明思维主体不会随着肉体的消亡而被分解或者可以证明灵魂的持存不依靠肉体的存在。为了建立这些宣称,我们需要知道肉体消亡之后发生了什么——因此,现实中的感官经验无法证明灵魂在肉体消亡后依然存在。

这就留给了理性心理学家一个可以尝试用纯粹(理论)理性来证明他们的宣称的机会。而他们也的确是这样做的。但是康德认为,所有理性心理学家尝试的证明都是靠不住的(或是谬误)。在关键点上,他们把分析命题(这些命题没有告诉我们理性心理学家所说的灵魂概念的客观事实,也就是说,它们没有告诉我们这个概念指的是否是任何客观事实的对象)和增进知识的综合命题混淆起来了。这些综合命题(它们和分析命题混淆起来了)要求我们可以直观到灵魂或者思维主体——而康德指出以上这些我们是无法做到的。然而如果没有这种直观,理性心理学家就无法按照他们所希望的那样建立起灵魂概念的客观事实——即灵魂是一个简单并且能脱离肉体持续存在的实体。

我大部分内容将遵循 B 版本中康德关于四大谬误的讨论:

首先,关于灵魂或者"我"是一个实体这种宣称,理性主义者认

第三章 先验辩证论：纯粹理性的范围

为通过（正确地）指出我永远无法将自己仅仅当作我自身任何判断的谓项，就可以建立该宣称。因为在判断的过程中，我总是那个在思考或者在做出判断的主项。正如康德所解释的"我就是组成了判断的那个关系的确定主项"。因此，我不能将自己当作我自身判断的谓项。但是我判断行为的这个特点并未告诉我任何关于我是否自存的信息，即我是自存之物（实体），而不是为了思想或者意识而依赖其他的事物。为了弄清楚我是否是一个自存之物，我需要直观到思维主体。但是这个直观并不是我已有的，因为在自然之中，思维主体就是拥有感性直观或表象的事物。考虑到我必定总是能够意识到这些思维，所以我永远无法成为我自身思维（其内容由感性直观构成，无论是纯粹的或者经验的直观）的对象。既然呈现给我的事物不能为我提供我自己本质的直观，使我成为判断或者思维主项，所以我不能从分析命题中得出任何关于这个本质的结论，即正在判断或者思考任何命题的"我"必定能被当作其主项而不仅仅永远只是谓项。

其次，同样地，思考任何命题的主体必定是简单的，因为该命题被表达出来后，如果每个主体只意识到部分思维，那么多个共时主体不能领会整个思维，该判断是个分析判断。换句话说，思考任何确定的命题都需要人的意识行为，这个意识将那个命题的整个内容都容纳其中，这在逻辑上的确是正确的。但是，这并不能得出以下结论，即意识行为（思维主体或"我"）必定自身就是一个简单实体——就好比声音必定要依靠单个乐器而不是多个乐器才能存在。如果没有思维主体的直观，那我们就不能确定它是否是个简单实体。这种直观必定会阻碍我们，因为感性直观——我们拥有的唯一一种的直观——中给予的事物没有一个能向我们揭示这些感性直观拥有的特征。

再次，如果我意识到了时间上很多各不相同的表象并把它们当作自己的，那么我必定认为这整个序列的表象都发生在同一主体身上（我自己），这是一个分析判断。但是正如康德所指出的，"这不能……表明那个人的人格，如果在那个人所有状态的变化中，把某人自己的主体的人格意识，认为是能思考的存在者的意识"（B408）。因为如果没有这个主体自然的直观，我就没有办法辨别是否这个主体依然是确定杂多中的同一实体或者是由一连串短暂存在的实体组成，每个短暂存在的实体都传递了它对杂多的自己的意识和前一个实体的意识，并且把这些意识传递到下一个实体（参见A363—364）。根据后一个假设，主体通过记忆将依然意识到杂多先前的所有成员，即使在整个杂多之中可能一个实体也不存在。简言之，为了意识到时间序列上各不相同的表象，并把它们当作自己的表象，我无法从分析判断中分辨出思维主体的历时本质——无论它是一个持续存在的实体还是由不断变化的各个实体组成，我必须把这序列的所有成员都归于同一主体（我自己）。

最后，作为一个能思考的存在者，我可以将自己与我之外的其他事物区分开来，这是一个分析判断。因为如果我不能将外我之物与自身能思考的存在者区分开，我就不能将外我之物当作其他事物。在思维中，我必定能将空间中存在的事物，包括我自己的肉体和只在时间中存在（即我自己的意识行为）的事物区分开来。但是这

第三章 先验辩证论：纯粹理性的范围

并没有告诉我们自己的意识是否有可能独立于外我之物而继续存在。因为，就我看来，正是外我之物——包括我的肉体——才使得我所有的自我意识的行为成为可能。我没有以下这种直观：通过这种直观我可以分辨出如果没有外我之物，我自己的意识是否依然可能存在，因此我也无法分辨我是否能作为一个能思考的存在者而继续存在。

* * *

在我们对谬误推理的简单讨论做出总结之前，我们应该笼统地回顾一下为什么理性心理学家的论证失败了。举个例子，他们宣称灵魂是简单的。正如康德所提出的，这个宣称是个综合命题，因为仅仅分析概念"灵魂"或"简单"不可以证明（或反驳）这个命题。同时，正如我们已经所知，也无法通过应用感官经验来证实这个宣称。我们的灵魂或者思维主体是否会随着肉体的消亡而消失，这个命题无法以我们的感官经验（即我们在现世生活中获得的感性证据）为基础而建立。但是要证明灵魂是简单的就是要展示随着肉体的消亡，灵魂不会消失。因此，这样的宣称，即灵魂是简单的，这是一个先天综合判断：这个综合判断如果真的能被建立的话，只能独立于感官经验而被建立。但是——这是极其重要的一点——它和纯粹数学与自然科学里的先天综合判断不同，"灵魂是简单的"这个先天综合判断，即使通过展示它可以使我们的感官经验成为可能，它也无法被建立起来。因为在

107

批判理性心理学家的论证时，康德已经证明了我们无法确定思维主体是简单的——但是没关系，这并不会影响我们这一世的意识能力，或是获得感官经验的能力。因此，"灵魂是简单的"这个判断完全超出了我们的感官经验。我们不仅无法以我们的感官经验为基础证明该判断，也无法证明它可以使得这个经验成为可能。但是，如果无法展示它可以使得我们的经验成为可能，那么由此可以推出，既然它不是分析判断，那它就不能通过纯粹（理论的）理性来被证明。要记住，康德在研究纯粹数学和自然科学的可能性时，就已经得出了这个重要的结论。这些研究已经展示如果纯粹（理论的）理性要建立任何先天综合判断，它唯一的方法就是要展示该判断能使得感官经验成为可能。如果无法通过这个方法建立这种判断，那么就无法通过纯粹（理论的）理性来证明或驳斥该判断。因为，除非我们的思维可以通过某种感性直观发挥作用，否则思维的先天概念（范畴）和要参与的事物就没有联系，那么我们的判断就会缺乏理论内容。既然对于康德而言，形而上学这门学科必须只以纯粹（理论的）理性为基础来建立它的种种判断，那么由此可见，形而上学无法证明或者驳斥"灵魂是简单的"这一判断。

在先验辩证论的其他两大主要部分，即纯粹理性的二律背反和纯粹理性的理想中也采用了类似的理由。在这两大部分中，康德将证明如果我们一旦接受了先验唯心论，那么我们就能知道这两大部分中的先天综合判断无法使得我们的感官经验成为可能；事实上，它们完全超出了感官经验。所以，纯粹（理论的）理性无法确定这两者的真理价值。因此，形而上学在这两大领域中应该放弃获得任何关于如我们的灵魂或者思维主体之类的结论。

第二节　纯粹理性的二律背反

（A405/B432-A567/B595）

　　形而上学家们在试图分别证明灵魂的永恒和上帝的存在时犯下了一些错误，康德将在纯粹理性的谬误和纯粹理性的理想之中揭露出这些错误。在二律背反之中，康德更加关注向我们展示为什么我们需要反对形而上学家们对某些先天综合判断的证明或反驳（在这里，这些先天综合判断是关于把时空世界当作一个整体）。同时，康德也在努力地说服我们，在我们和时空世界的关系问题上，先验实在论绝不是让人信服的正确理论。正如我们已经注意到的，先验实在论者认为感官对象存在于时间和/或空间之中，并且以我们的能力无法感知到它们；换言之，先验实在论者认为时空对象（即我们感官的对象）就是物自体。

　　当然，康德认为在先验感性论的证明中，他已经展示了先验实在论必定是不可靠的：他认为他已经在先验感性论中建立了如下判断，即空间和时间是我们心灵的属性（它们分别等同于我们外直观和内直观的形式），因此时空对象只是现象（因此它们不是存在之物，而是我们意识中事实或者可能的对象）。这些都是先验唯心论中的关键论点。但是，在纯粹理性的二律背反之中，康德进一步提出了一个反对先验实在论而支持先验唯心论的论证。这个论证就是如果我们接受了先验实在论的观点，那么我们就会发现自己处于种种不可避免的矛盾之中，但是，如果我们接受先验唯心论的观点，那么这些矛盾就消失了（并且我们不会发现新矛盾）。因此，假设这两个理论都详尽描述了我们和感官对象之间的可能关系（康德的确做出了这个不合理的假设），那么可以推出，如果有一个证据可以证明先验实在论是错误的，那么这个证据同时就证明先验唯心论是正确的。

一共有四组二律背反。它们可以被分为两对：第一对被命名为"数学性二律背反"；第二对被命名为"动力性二律背反"。第一对被称作"数学性二律背反"是因为每组二律背反都和存在于时空世界中的序列长度有关（在这里，为了形成一个序列的某部分，序列里的成员必定都是同一类型）。第二对被称作"动力性二律背反"是因为每一组二律背反都和存在于时空世界中确定的序列的原因有关（在这里并不要求这个原因在本质上需要和序列成员相似，因为一般而言，某事能够成为原因并不要求它的结果在本质上与原因一致）。在这四组二律背反中，每组都有一个正命题和反命题。在确定的二律背反上，提出正命题的形而上学家就被称为"独断论者"，同理，提出反命题的形而上学家则被称为"经验论者"。因为这些形而上学家论证了每一对正命题和反命题，所以（康德认为）它们的确互相矛盾。他会解释在每一组二律背反中如何才能避免矛盾。

我不会将四组二律背反每组都详细地进行讨论，只是讨论数学性

第三章　先验辩证论：纯粹理性的范围

二律背反中的一组和动力性二律背反中的一组。因为康德对两组数学性二律背反进行了相似，但并非完全一样的讨论；因此我希望通过讨论它们中的一组，即第一组二律背反——它涉及世界的年龄和尺寸——就足以阐释康德对第二组二律背反的大致策略。在动力二律背反中，我会讨论第三组二律背反——它涉及意志的自由——因为它是所有二律背反中最重要的一条，也是因为康德在纯粹理性的理想中对第四组二律背反产生的重要问题进行了更详细的讨论。

数学性二律背反（第一组和第二组二律背反）

第一组二律背反：

正命题：世界在时间上有开端，在空间上被封闭在一个界限之中。

反命题：世界在时间与空间中都是无限的。

第二组二律背反：

正命题：世界上的所有东西都是由简单之物构成的。

反命题：世界上没有什么简单之物，所有的东西都是复合之物。

在这两组二律背反中，康德坚持认为两个正命题（独断论者的观点）和反命题（经验论者的观点）都是错误的，因为尽管每组二律背反的个例，其论证在形式上是有效的，但是每个论证都基于同一个错误的前提。这个共同的前提就是，感官对象，即时空对象被当作了物自体。一旦抛弃这个前提，取而代之，认为时空对象只是由依赖于心灵的现象（表象）组成，那么我们就能展示数学性二律背反的两组正命题和反命题都是错误的。正如康德所认为的，一旦我们接受了先验唯心论，那么我们在思考时空世界的年龄和尺寸时或者在思考这个世界上的存在之物的构成时，就不会出现矛盾了——如果我们采用独断论者和经验论者即先验实在论者的共同前提，那么必然会产生矛盾（还会产生数学性的两组二律背反）。

* * *

现在，让我们看一下数学性的两组二律背反中的第一组正命题和反命题的证据。正命题宣称世界在时间上有开端，并且在空间上被封闭在一个界限之中。在独断论者看来，可以通过以下展示来证明这个（双重）宣称，即如果这个宣称是错误的——独断论者就将错误宣称等同于认为世界在时间中没有开端，"但是该世界亘古以来就已经存在"，并且在空间上无限延伸——那我们必然会陷入谬论之中。至于时间，独断论者则认为，假设这个世界在时间上没有开端，那么这必定意味着直到此时此刻，世界无数个相继的状态都已经过去了。但是这是不可能的，因为我们的概念"无穷性"要求无穷多的状态永远不会在前后相继的列举之中结束。因此，如果假设世界亘古以来就已经存在，那么造成现存世界的相继状态的序列就永远无法结束。但是很显然，世界现在的确存在着。因此，世界必然在时间上有开端。至于空间，独断论者认为如果世界在空间上被构想为无限广延，那我们必定能通过

第三章 先验辩证论：纯粹理性的范围

对该广延的相继增加来达成这种无限广延（因为世界共存状态的无限延伸不可能呈现在任何单一直观中）。但是，假设世界的广延是无限的，那么我们将其各个部分相继增加是永远无法达成这种广延的。世界在空间上不可能无限广延，因此，宣称世界在空间中无限广延的这个设想必定因不合逻辑而被驳回。所以，世界在空间上必然是有限的。

反命题宣称世界在时间上没有开端，在空间上无限广延。为了使这个宣称成立，经验论者让我们先假设这个宣称是错误的——也就是经验论者先将错误宣称等同于认为世界在时间上的确有开端并且在空间上的确有界限。关于时间，经验论者认为，假设这个世界的确在时间上有开端，那么必定不可能在时间连续体上指出一个点作为世界的开端。但是因为在世界的开端之前不存在任何事物——否则，按照假说时间连续体就是空的——所以在这个连续体之中，不可能指出世界的任何开端点。因此，世界在时间上是没有开端的。关于空间，经验论者证明假设这个世界在空间上是有限的，那么基本上不可能确定世界的界线点在哪里。但是既然在这个世界外不存在任何事物——否则，按照假说空间就是空无的——所以世界不可能在空间上有界限。如果存在某些其他超出某物的事物，某物的界限才是可想象的。但是世界之外不存在任何东西，因为空无的空间不是物质，只是使得物质存在成为可能的事物。因此，我们不可能把世界想象成是有界限的。所以，这个世界必定在空间上是无限的。

这就是第一组二律背反的正命题和反命题，以及支持它们的简要证明。重申一下，康德认为这些论证是有效的；也就是说，他认为正命题和反命题从它们各自的前提中得出的结论是真实的。因此，假设这些前提是合理的，那么在我们思考整个世界（或宇宙）的年龄和尺寸时，必定存在一个直接的矛盾：我们坚持认为世界既是在时间上有起点，但同时又认为世界是亘古以来就存在的，并且我们还坚持认为这个世界在空间上既是有限广延又是无限广延的。

如上所见，我们陷入了混乱之中。康德指出，所有的这些论证，它们都假设我们感知到的这个世界是由存在于时间和空间中的物自体组成的。因为独断论者和经验论者都认为，尽管无法通过我们的感官证明这个世界在年龄上是否无限，也无法证明在空间广延上是否无限，但是，每个个例中存在着一个我们理性可以建立的真理。问题就是，如果假设这个感官世界是自存的世界，那么理性的确能够证明（正如康德所认为的）世界的无限和有限年龄以及证明世界在空间上的有限和无限广延。

但是，如果我们抛弃这种时空对象就是物自体假设，取而代之，认为它们仅仅是由我们直观的感性形式中的表象组成，那会发生什么呢？如此一来，康德宣称，我们就能展示正命题和反命题都是错误的了：这个世界既没有有限的年龄和有限的空间广延，也没有无限的年龄和无限的空间广延。因为，如果时空对象仅仅是由我们的表象组成的，那么可以推出它们只能作为我们感知意识的可能对象而存在（和物自体不同，表象独立于我们就无法存在）。因此，理性也就不可能得出任何关于整个世界年龄和尺寸的结论。一旦时空对象被我们当作仅仅是依附于心灵的现象（表象），那我们就不能宣称这个世界在时间

第三章 先验辩证论：纯粹理性的范围

上有开端或者亘古以来就存在，我们也不能宣称它在空间上有限或无限广延。我们能宣称的只是在我们能够感知的最早时间范围内和最远空间范围内，这个世界是存在的。但是我们无法给世界的年龄和尺寸精确设立一个确定的界限（有限或无限），因为时空世界只存在于我们可能感知的相继序列之中。感知无法终止这个序列（因此，现象序列就不能被认为是有限的）。同样地，如果宣称感知的可能序列在数量上必定是无尽的，这也是没有可信依据的（因此序列也不能被认为是无限的）。如果我们感知的世界是自存的（因为只有这样我们感知的序列才可能是有限的或无限的），那么才能宣称我们感知的程度是有限的或是无限的。康德将他自己的观点总结如下：

> 所以，这个序列既不可能比它的概念唯一作为依据的可能经验性回溯更大，也不会比它更小。而且既然这种回溯既不能给出确定的无限事物，也不能给出确定的有限的事物（绝对的有界限的事物），所以很明显，我们既不能假定世界的尺寸是有限的，也不能假定它是无限的。因为回溯不允许这两种中的任意一种情况。

数学性二律背反的评论

有很多人评论康德的观点，认为他对独断论者的正命题和经验论者的反命题陈述的论证都是有效的，我并不会全盘接受这种评论（因为这些批判的主要观点都取决于康德是否对数学上的无穷概念有着正确的理解。很显然，如果他没有的话，这就会让他以下的观点陷入危险境地之中，即独断论者和经验论者两者的观点都是有效的）。相反，我想提出的批评是，即使康德自己的论证在形式上都是有效的，他也不可能用自己所谓的有效理论来帮自己讲话。原因就是康德在陈述独断论的正命题和经验论者的反命题时，人们指责他采用的是自己的先验唯心论。如果这个批判是正确的，那么它必定是批判康德数学性二律背反中论证策略的一个重大抨击。康德尝试通过展示先验唯心论的对手理论，即先验实在论将会把我们引向矛盾，以此来说服先验唯心论是关于我们与所期待的感知知识对象之间关系的正确理论。但是，第一组二律背反独断论者的正命题，如果在证明经验论者的反命题（等同于经验论者的论证）是不可能时，它的论证采用了先验唯心论（而不是先验实在论），那么很明显，它就无法宣称是先验实在论的假设将独断论者和经验论者引入了不可避免的相互矛盾之中。

然而，我认为，这种评论是站不住脚的。我会通过参照第一组二律背反来解释为什么它站不住脚（这里这个问题比第二组二律背反更加直接）。第一组二律背反之中无论是正命题还是反命题在其陈述的论证之中，各自的对立方都不会认为对方的观点是错误的，因为我们的感官世界只能由表象组成而存在。相反，每个论证都假设我们通过感官所了解的这个世界（时空世界）是实际存在的，对立观点被驳斥是因为在关于世界的年龄和尺寸时，我们无法构想出该观点所需要的事物。独断论者和经验论者都认为可能的感知无法解决关于世界年龄和尺寸的问题。但是，根据他们的理论，因为时空世界是自存的——

第三章　先验辩证论：纯粹理性的范围

因此也就独立于我们可能的感知——所以这个问题无法得到解决。这个问题无法得到解决是因为，如果世界是实际存在的，那么世界的年龄和尺寸必定是确定的了，虽然通过参照我们的感知不可能确定出世界的年龄和尺寸。正如康德所认为的，独断论者和经验论者他们双方的确都有一个有效的先天证明，来驳斥对手关于世界年龄和尺寸的说法。我希望上面关于他们双方的论证概述已经展示了，在他们每一方看来，他们的对手理论必定是站不住脚的，因为这甚至是一个不可想象的理论：对手的观点没有遭到抛弃，那是因为尽管这样的观点能够引发思考，但是我们永远无法通过感知去发现其真理。

我总结一下，康德认为至少第一组的数学性二律背反和康德对其的解决方案组成了一个新的坚定的理由来说服我们接受先验唯心论（而反对先验实在论），这个新理由不应该因为以下假定的理由而被驳斥，即康德在提供独断论的正命题和经验论的反命题的论证时，将他想要证明其合理性的立场视为了理所当然。

动力性二律背反（第三组和第四组二律背反）

第三组二律背反：

正命题：世界上存在出于自由的原因。

反命题：世界上所有的事物都按照自然法则来运作。

第四组二律背反：

正命题：在世界原因的序列中存在着某些绝对必然的存在者。

反命题：世界上不存在绝对必然的存在者，但是在这序列中一切东西都是偶然的。

和数学性二律背反一样，康德认为独断论者和经验论者在动力性二律背反中提出的正命题和反命题的论证分别也是有效的。因此，第三组和第四组二律背反的正命题和反命题在先验实在论的假设之下也的确处于矛盾之中。但是，和数学性二律背反不同，康德认为他无法解决第二组二律背反并不意味着其正命题和反命题是错误的。相反，他认为，如果我们接受了先验唯心论，我们就能宣布两组动力性二律背反的正命题和反命题都有可能是正确的。事实上，两个动力性反命题的真理已被广泛接受（尽管这些反命题和经验论者所理解的反命题不一样）：先验唯心论认为这些反命题和动力性正命题同样也正确，至少这两者在逻辑上是相符的。要展示出这点是一个很大的挑战。比如，康德必然接受第三组二律背反的反命题，即世界上所有的事物都按照自然法则来运作。问题就是，在康德自己的理论体系里，接受以上的宣称是否就意味着该命题的正命题也是正确的，即存在出于自由的因果律。

需要注意的是，如果动力性二律背反真的和先验实在论相矛盾，而这些矛盾在先验唯心论的假设下又消失了，那么，除了先验感性论中提供的证据外，这就为接受后者而驳斥前者又提供了各种证据。此外，为了化解在动力性二律背反中出现的矛盾，康德采用的方法与数学性二律背反的方法差别很大，因此他在动力性二律背反中的解决方

第三章 先验辩证论：纯粹理性的范围

案可以提供这个额外的证据，即使他在数学性二律背反中的解决方案可能做不到这一点（或者反之亦然）。

正如我先前说过的，我只讨论动力性二律背反中的第三组二律背反。康德提出了它的解决方案，特别是他提出的用于解决正命题和反命题之间矛盾的方案，对于康德的道德哲学有着重要意义。我们需要花大工夫去研究这个解决方案。

第三组二律背反和康德的解决方案

独断论者支持第三组二律背反的正命题，他们认为，如果我们假设因果律唯一的形式就是和自然法则相符，那我们就永远无法为任何事件给出完整的解释。因为在那个假设之下，事件的原因本身就需要对它的发生进行解释，也就是说，该行为的原因和其更早的原因会再次需要更加早的原因，如此往复。但是自然法则断言万事的发生都按照一个原因，这个原因本身就能充分确定自己。因此，以下宣称是自相矛盾的，即因果律只有与自然法则相符才能成为可能（因为没有原因可以被充分确定）。独断论者推断出在这个世界上必定还存在着另一种类型的原因，这种原因不需要其行为之前还存在着一个更早的原因。这种原因具有绝对的自发性，即自行开始一个按照自然法则进行的现象序列。任何以这种方式运行的原因都表现出了康德所称的"先验自由"。

经验论者支持第三组二律背反的反命题，他们认为如果我们假设先验自由存在于我们的经验世界，那么由此可以推出，这个世界里存

在一些原因不需要其行为之前还存在着一个更早的原因就能运行,也就是说,它们就会拥有绝对的自发性。这种假设将会摧毁我们以下的能力,即把幻觉的或者迷惑的事件与真实的经验区分开来的能力,因为这种能力依靠于以下这个前提:每个可能的(真实的)经验都从属于自然法则。现在独断论者认为我们确实感知到了世界上的对象和事件。因此,世界上发生的每一件事,只要它能被感知到,那它必定完全受自然法则的支配。

概括而言,这就是康德在第三组二律背反中对独断论者和经验论者关于正命题和反命题的证明的解释。考虑到先验实在论,他认为既然它们的冲突是不可避免的,那么他推断出这种理论无法正确地解释我们自身和时空对象的关系。

* * *

更有意思的是这个问题,即康德如何用他自己的理论,即先验唯心论,解决这些冲突。这对康德而言是个很紧迫的问题,因为他已经在第二类比中证明,发生在时空世界之中的每一个事件必定存在一个原因,也就是自然原因。因此从表面判断,似乎在先验唯心论者的理论中已经没有先验自由的位置了。但是,很重要的一点就是,先验自由并没有被完全排除在外,因为康德宣称只要我们能够做出先验自由的决定或者依据先验自由的决定而行动,我们才能因我们所做的事情在道德上被赞美或者被责备。但是,既然每一个行动——作为时空世界的一

第三章 先验辩证论:纯粹理性的范围

个事件——都必定有一个自然原因,这个自然原因本身又有一个自然原因,如此无尽循环,那么在逻辑上,我们的任何行为怎么可能是由于先验自由的决定而产生的呢?除非康德在面对时空世界中完全的自然决定论时可以捍卫先验自由的逻辑可能性,否则,他的道德哲学将会土崩瓦解。

每个事件的发生都必然存在一个自然原因,和人类行为人行使先验自由的可能性,这两者之间存在着明显的冲突,为了解决这一冲突,康德将研究方向转到在现象世界和物自体世界(本体世界)之间的区别上。他完全承认,如果我们把自己仅仅当作现象,当作自然中的存在者,那我们的每一个行为,就像时空世界中的每一个其他事件一样,必定会受自然因果律的支配。因此,单单从现象世界的角度上看,人类行为人不能被认为是自由的,因为他们所有的行为都是自然原因的结果(这些自然原因自身也有各种自然原因等)。然而,我们也能把自己当作物自体一般的存在。从这个角度考虑的话,我们存在于时间空间之外,那么我们的能力,也是物自体,就构成了我们的部分存在,在使用这些能力时,我们不受任何自然法则的影响(因为这些法则只适用于时空世界)。康德认为我们的知性能力和理性能力——都是我们的智力能力——必定被当作属于我们的物自体。康德认为,因为这些能力只与任何资料的形式有关,而不是与内容有关,如此一来,它们的运作必定独立于任何现象的影响,独立于任何经验性的事物的影响。所以,作为存在于本体世界中的主体,我们能够做出先验自由的决定——通过行使我们理性的纯粹的智力能力。因此,这个证明推出,我们作为本

体性的主体,有可能在现象世界中依据先验自由的决定而行动,但是,如果我们将自己只是当作现象性的主体(即表象世界中的存在者),那么我们的每一个行为都必定被认为完全出于自然原因。

评论康德的解决方案

　　这个先验自由的(简明阐述的)辩护易受到大量反对观点的攻击。对我而言,似乎最重要的反对观点如下:即使我们承认,世界作为一个整体在逻辑上可能存在一个先验自由的原因——第一原因——但是世界内存在的事物,就没有它们的这种自由的空间了。并且作为活跃的理性存在者或行为人,这种限制必定也适用于我们。假设(遵从康德的假设)我们可以将自己当作本体世界存在着的主体和表象世界的主体,那么,作为本体性的主体,我们可以做出先验自由的决定。然而——反对观点继续说——很明显,我们不能将这些先验自由的决定转换成行动,这些行动对时空世界中发生的事物可能产生任何影响。考虑一下这种情况,假如一个行为人在知道的情况下,因为自然产生的欲望,做出了不符合道德的事情。那我们怎么能说这个行为人本性上不愿意做出那样的行为?这个行为人的自然欲望(根据假说,造成了他的行为)本身就有先天的自然原因并且该原因在时间上无尽地循环往复。因此,本体性主体的决定,无法以其他方式在行为人行动的环境中表现出来,所以这些决定没有一个可以转换成行为。这是因为事实上发生的行为已经被时空世界中更早的事件序列自然地决定了(行为人自然欲望的发生,其本身就有一个先天的自然原因,如此往复)。

第三章 先验辩证论：纯粹理性的范围

因此，我们的能力，即能通过先验自由而做出道德的行为，康德对该能力的辩护显然和他的要求陷入了冲突之中，该要求就是所有发生的事情必然存在自然原因。那么康德不但没有解决这个二律背反，还使得先验自由的行为在康德的理论，即先验唯心论中在逻辑上不可能发生。

在我看来，康德对这种反对观点的回应为我们理解他整体辩护主要的观点，即应用到人类行为人身上的先天自由的整体辩护，提供了最好的方式。根据休谟的观点，他认为行为人的行动来自两种原因的结合：一方面是行为人的性格；另一方面是行为人认为自己应该被放置的环境。康德和休谟这两个哲学家认为行为人的性格组成了一套个人行为的性格特征或气质（在《纯粹理性批判》中，这个性格被描述为行为人的"经验性格"）。比如，要描述某人是"爱撒谎的"（一种性格特征）就是认为这个行为人在某些情况下倾向于以不说实话的方式行动；要描述某人是"热心肠的"就是认为行为人在某些情况下倾向于以热情善良的方式行动。我们解释了为什么行为人会通过参考他们的一种或多种性格特征，然后结合他们所认为自己身处的环境来用确定的方式行动。

康德（和休谟）起初是怎样假设我们能够把性格特征归于行为人的呢？是通过观察他们在过去各种不同的环境中如何做出行动来实现的。一旦我们熟悉了某个特定的行为人的个人性格——通过我们对那个行为人过去的行为观察和我们对人类普遍本性的知识（这也是在观察中累积得到的）——我们就能继续预测或者解释那个行为人的进一步的行动。尽管我们试图解释和预测人类行为的方法很复杂，但康德认为它和我们解释预测一些平常行动的方法（如一个壁球弹到墙上的行动）在本质上没什么不同。那么在以下假设之下，即我们的确能够通过参考他们的经验性格和感知到的环境来解释或预测行为人的行为——并且康德遵从休谟的观点，的确做出了这个假设——那么我们能对行为人的行为给出一个完全自然的因果解释：这个解释完全符合康德的要求，即表象世界里所有发生的事件都必定受自然因果律的支配（充足理由律）。

现在有个问题。如果假设这个自然因果律的模型是正确的，那么本体性的主体是否可能是行为人行动的原因？康德认为是有可能的，因为我们可以把本体性的主体当作行为人的每一个性格特征——因此也就是整体经验性格的原因。在康德看来，虽然我们出生就拥有，或者可能后来获得了各种自然决定的欲望——在确定的环境中，这些欲望就体现为感官的欲望，以某些方式表现出来——但是，这些感觉到的欲望事实上并非就必然会产生影响，也就是说，并非必然可以转换为行动。有些欲望会，有些欲望则不会依附于本体主体。当然，对于任何行为人而言，一个确定的欲望的确在某种场合之下导致了某个行动的产生，行为人的同一行动必定永远会在相同的环境中发生（因为时空世界里完全的决定论）。但是这不可能阻碍本体性主体的自由。在确定的环境中，主体决定是否只基于理性而行动（这样就是道德地行动）还是允许自然产生的欲望产生影响（这样就产生了没有积极道德价值的行为）。然而，无论出现哪种类型的行动，本体性的主体都不能由自

第三章　先验辩证论：纯粹理性的范围

然因果律来决定他的选择，因为这个因果律只能适用于时空框架内的存在之物。进一步而言，作为一个不受时间影响的实体，在确定的情况下，他的行动选择并不受变化的影响；因此在现象世界里，这个选择会以一种完全规律的方式（在同样的环境下）自我体现出来。

这是我们对行为人的各种行为模式的观察结果，因为这些模式在不同的情况下被体现出来，这就使得我们能够将一套性格特点，一个特定的经验性格归于一个行为人；从中我们能够根据自然因果律来预测或者解释他的进一步的行为。当然，本体性的主体只是行使了先验自由，通过先验自由在时空世界中出现具有真正道德价值的行为。但是在所有公认具有道德重要性的个例中，行为人，即本体主体，能对自己的行动负责——甚至是对感官欲望产生的行动负责——因为事件的时间序列里没有事物可以决定本体主体来产生特定的经验性格，这个经验性格通过行动被表达出来，比如时空世界中出现的各种行动。

那么，康德如何回应以上提出的批判呢？即如果一个行为人基于自然产生的欲望做出了不道德的行动，那么是否本体主体的任何决定都不可能阻止那个不道德的行动的发生？康德是这样回应的，我们可以认为本体主体选择了允许自然产生的欲望产生影响。尽管本体自己无法控制某个特定类型的感官欲望是否会发生（这取决于某人恰巧拥有的自然欲望和他所处的环境），但是我们依然可以认为本体主体决定了是否让自然产生的欲望在这些情况下产生行动。因为康德的要求即每个事件必定有自然原因，并没有产生以下的结果，即行为人应该永远依据任何类型的自然欲望或是任何自然欲望的力量而行动。毫无疑问,任何确定的感官欲望是否就会导致行动,我们感知到感官欲望(无论何时被感知)都有一个自然原因,并且这个原因反过来,在其产生之前,就有一个更早的自然原因造成了它的产生,如此往复。但是这和以下问题无关,即我们是否可以阻止自然产生的欲望产生随后而来的行动。在康德关于现象世界和物自体世界的区别中,他认为自然产生的欲望并不需要产生这个行为,这种想法是不矛盾的,也就是说,如果本体主体已经行使了它的先验自由并且只通过理性来行动(从而就阻止了这种被感受到的特定欲望在确定类型的环境中产生影响)。如果可以做出这种选择,那么在同样的环境下,行为人就能总是表现出类似的道德行动。因此,行为人的经验特征就会相应的不同。所以,即使行为人只通过理性来行动,他也没有打破自然因果律,借此我们就解释了行为人的行动以性格特征和感知到的环境为基础。同时,行为人在确定的环境下做出了不道德的行动,我们必然能指责他,因为产生那个行动的自然事件的序列中没有什么事物可以阻止行为人(本体性的主体)行使他的先验自由,也就是没有什么事物会阻止他做出道德的行动。

* * *

面对时空世界的完全决定论,在概述康德对先验自由的辩护时,我遵从他自己在第三组二律背反中的讨论,只关注展示在先验唯心论下(而不是在先验实在论下)先验自由在逻辑上是可能的。在《纯粹理性批判》中,这也是康德最努力要去展示的内容。在他的道德著作中,特别是《实践理性批判》中,康德尝试进一步地研究,并且证明先验自由的现实性,也就是说,在先验唯心论的条件下,他想证明这种自由的确是现实存在的。当我们讨论到康德的道德哲学时,我们会研究这个证明,以及其他关于上帝的存在和灵魂的永恒的证明。

第三节　纯粹理性的理想

（A567/B595-A642/B670）

　　康德坚持认为以纯粹（或理论）理性为基础的上帝存在的证明只可能有三种。他把它们全部称为"推测性的证明"。他宣称只有三种证明是因为他相信任何证明上帝存在的推测性证明都必定采用这三种可能方式中的一种。第一种方式,这个证明应该完全独立于任何经验,并且因此只以先天概念和先天前提为基础。第二种方式,这个证明可能依赖一些经验事实或者其他事实,但不用担忧那个经验的内容。第三种方式,这个证明可能以我们对自然的实际详细观察为基础。第一种类型的论证康德将它称为"本体论"证明;第二种是"宇宙论"证明;第三种是"自然神学"证明（它更多地被称作"目的论证明"）。康德反对这三种证明方式,因此也反对以纯粹（理论）理性为基础证明上帝存在的所有计划。

从康德出发
Starting with Kant

本体论证明

本体论证明的提倡者宣称上帝（或实在的存在者）——它拥有所有最高限度的积极特征或品质——可以被证明拥有绝对必然的存在。康德用两条相互关联的论证线来抨击这一证明。

谈到一个对象拥有绝对或者无条件的必然存在，或者换言之，一个对象不可能不存在，康德的第一条抨击线认为这种说法的含义甚至都不明确。合格的解释是要将它用各种例子来进行比较，这些例子通常来自数学。据宣称，在这些例子中，我们对一个对象极其清楚地运用了必然性。比如，我们可以说一个三角形必然有三条边（或者另一种说法就是任何事物没有三条边就不可能构成三角形）。但是，正如康德所指出的，这种类型的例子和以下类型的例子，即宣称一个对象具有绝对必然的存在，是不相类似的。因为这里提供的例子是一个判断，它与一个对象具有无条件必然性相关，而不是一个对象本身宣称具有无条件的必然性。相反，当提到"三角形绝对或者无条件必然有三条边"，这并不是断言一个三角形或三条边是绝对必然的；它只是宣称，如果存在一个三角形，那么它必然有三条边。换言之，这种宣称只是断言了对象或对象内容的有条件的必然性，而不是无条件的必然性。因此，对符合三角形概念的对象的存在进行肯定，同时却又反驳该对象有三条边，虽然这的确是自相矛盾的，但否定任何符合该概念的对象的存在（以及任何有三条边的对象的存在）是不矛盾的。

假设我们用理解以下这种判断的方法，如三角形必然有三条边，去理解一个对象的存在具有绝对性或无条件的必然性，康德似乎认为

第三章 先验辩证论：纯粹理性的范围

这种假设仅仅是一个混淆。因为我们理解数学判断的方式的确可能否认三角形存在物的必然性，或否认三条边存在物的必然性。而且因为就对象而言，如何能理解提及的"必然性"，唯一的解释方法只能放在关于对象的判断之中（该判断提及的是对象及其特征的有条件的必然性而不是无条件的必然性），康德总结，宣称的"绝对必然存在者"的概念上没有附加上任何意义。

即使批判了本体论，康德承认本体论证明的支持者认为只有一个概念，在这个概念中，我们对对象的存在进行反驳是自相矛盾的，在这个概念中，对象的存在是绝对的。这个概念就是拥有最高限度的所有积极特征的存在者，即实在的存在者。康德的第二条抨击线明确反击了本体论证明的支持者，本体论支持者们认为这个概念，并且单单是这个概念，就避免了康德的总体反对，即反对具有绝对必然存在的任意对象的说服力。

本体论证明的支持者们坚持认为既然概念"实在的存在者"是有可能的，那么由此推出这种实在的存在者必然是存在的。因为（他们认为）如果我们承认这个可能的概念包含了所有的实在性，同时却又否认符合这个概念对象的存在，这是自相矛盾的。因为"存在"的含义必定被包括在了"所有实在性"的含义之中。康德对这种观点的著名批判关键在于康德宣称"存在"并不是一个对象的任何特征或特点，尽管在这里它被看作好像如此。我们不能因为概念"实在的存在者"在逻辑上是有可能的——因此，这个概念可以被认为没有矛盾。由此就推断，符合该概念的对象必定存在。因为如果这是一个可靠的推断,那么就意味着在思考符合该概念的对象时,我们的思维将遗漏了该对象的特征之一,即它的存在。这就意味着我们将永远无法思考具有完整特征的这种对象,因为我们总是遗漏了该对象自身的特征之一:

> 因此,当我思考一个事物时,无论我们通过多少谓词——哪怕我们完全确定了它——我进一步宣称该物存在,也并未对该物有丝毫的增加。否则,所存在的就不恰好是该物,而是比我在概念中思考到的更多的一些事物;而我们也不能说概念中存在的对象就真的存在了。如果我在一个事物中设想除一个实在性之外的所有实在性,那么不会因为我说有这么一个缺陷的事物存在,这个确实的实在性就补加上去了。相反,它带着我思考它时的那个缺陷还存在着,否则,存在着的那个事物和我思考中的事物就不一样了。(A600/B628)

因此,为了满足概念"实在的存在者",当被问及某物必定有哪些特征时,答案就不能包括"存在"(因为它可能包括"全能"),因为存在不是一个真的谓词,也就是说,它指的并不是一个对象的特征或特点。它并非用来正确或错误地表明存在一个符合确定概念的对象。因此,以下证明是个谬误,即从概念"实在的存在者"的逻辑可能性推出实在的存在者必然存在,因为否认该对象的存在是自相矛盾的。

第三章　先验辩证论：纯粹理性的范围

宇宙论证明

（A603/B631-A614/B642）

这种推测性的论证尝试仅仅从经验事实中证明上帝的存在——上帝是拥有最高限度的所有积极特征的存在者（实在的存在者）——即使这个经验只是意识到某人自己的存在。任何可能经验的详细内容都没有考虑进去。康德用这种方式开始了他的论证：如果某物实存，那么必定有一个绝对必然的存在者实存着。现在至少我自己实存着。因此一个绝对必然的存在者实存着……必然的存在者只能以一种方式来确定，那就是通过每对可能的谓词。因此它必定完全通过它自己的概念被确定。现在只有一种可能的方式来确定完全先天的事物，就是实在的存在者的概念。因此，必然的存在者只能通过实在的存在者的概念被思考。换言之，至高存在者是必然存在的。(A604/B632）

不出意料地，康德反对这种证明，理由就是我们无法给出一个合理的理由来解释为什么原因和影响的一个序列——从一个人意识到自己的存在开始——其存在必定要用第一个原因去终止，用不依赖其他任何事物而存在的某些事物去终止，该事物正如该证明说的那样是"一个绝对必然的存在者"。我们当然不能在经验之中假设这种终止点——第二类比和康德对第一组二律背反的解决方案已经把这点弄清楚了——我们也没有理由认为在经验之外就不可能存在无尽序列的原因和影响。一旦我们超出了经验,我们就既没有理由证实也没有理由否认任何原因的存在或任何原因序列的存在。事实上,康德坚持认为即使是以下宣称,即必定存在一个超出我们可能经验的原因,该宣称的意义到现在都没有明确下来。因为,正如先验分析论已经证明的,我们只能抓住某种经验中的原因。如果我们不去参考任何可能经验,但却试图确立在这个世界之内存在的原因,那我们就没有了可以理解符合这个纯粹概念的事物的标准。

然而,康德并没有太过关注以上的反对观点(这一部分被快速处理了),而是放在了他进一步的宣称之上,即如果本体论证明是有效的,那么宇宙论证明才能说得通。他认为宇宙论证明必定要依靠本体论证明,因为,即使我们允许将绝对必然者的证明当作我们经验必定依附的理由(当然,正如我们已经所知,康德认为我们不应该允许这种假设),不依靠本体论证明的话,我们也不可能用实在的实存者鉴定出这个必然存在者。

康德宣称宇宙论证明要依靠本体论证明,他的理由非常隐晦曲折,因此很多评论家认为这个宣称是未经证实的。但是我认为康德反对推测性形而上学家们的重要观点就是这些形而上学家不得不采用以下论证线来证明实在的实存者就是绝对必然存在者:"通过理论理性,我们能将某物构想为绝对必然存在者的唯一方式就是认为它的存在被包含在其本质之中。因为根据假说,绝对必然存在者不依靠其他任何事物而存在;如果它依靠其他事物而存在的话,那它就不可能是绝对必然的存在者了,也就是说,绝对必然存在者可以不依附任何其他的

第三章　先验辩证论：纯粹理性的范围

情况而存在。但是理论理性认为一个事物的存在是无条件必然的——也就是绝对必然的——唯一方式就是将它的存在包含到它的本质之中。只有存在被包含在它的本质之中，该事物的存在才能被认为独立于其他事物，因此它才能同时被认为是无条件必然的存在。现在本体论证明已经展示有且只有一个概念，在此之中，存在可以通过理论理性被认为是无条件的必然的，也就是通过理论理性被认为存在包含在了它的本质之中，这个概念就是实在的存在者。因此，实在的存在者的概念也是理论理性可以唯一将之认为是绝对必然存在者的概念"。

由于康德已经反驳了本体论证明，所以很明显，康德并不接受这种论证线。同时，他完全同意形而上学家们的以下观点，就是理论理性将任何事物当作绝对必然存在者的唯一方式就是将该事物的存在被认为包括在其本质之中。因为通过我们的理性，没有其他方式可以构想出无条件必然的存在者。但是，既然康德对本体论证明的反驳已经展示（正如他认为的）存在不可能包括于其他任何概念之中，那么由此推出，宇宙论证明不得不依靠本体论证明才能得到它自己的结论，所以它自己的结论也应该被驳回。

目的论的证明（自然神学的证明）
（A620/B648-A630/B658）

这个证明起始于事实感知到的自然结构，并且从这个结构中试图去证明上帝的存在——哪怕只是高度可能的存在。

相比其他两种证明，康德更能接受目的论的证明，尽管他认为它未能成功传达出它所想得到的结论。考虑到我们自然经验的秩序和明显的目的性，如果我们假定这个自然的原因通过智力和意志表现出来，康德认为这样是不合理的。考虑到其和谐的秩序和复杂性，认为自然世界产生于"误打误撞"，在我们看来这种想法是不合理的（这个问题在《判断力批判》的第二部分中进行了详细阐述）。

康德反对该论证主要就是因为它无法向我们更进一步保证对实在的实存者的合理信仰——这个实在的实存者，康德坚持认为它就是宗教信仰的合适对象。因为目的论的证明可以使得我们推断出一个相对强大、明智和善良的自然设计者的存在。但是该论证无法证明自然设计者是至善至美、无所不知、无所不能的（因此，也就无法证明该自然设计者能成为自然世界的创造者）。康德认为，对于一个理性的宗教信仰而言，我们需要这样一个证据来证明这种创造者必然存在。如果我们无法获得这个证明，那我们就需要抛弃目的论的证明，然后为了证明绝对必然存在者的存在，先求助于宇宙论的证明，再为了证明该必然存在是无所不能、无所不知、至善至美的，转而求助于本体论证明。事实上，正如康德所指出的，如果本体论的证明是有效的，那么就不需要目的论的证明了（甚至也不需要宇宙论的证明），因为本体论的证明已经一次性证明了一个无所不能的必然存在者的存在：总之，是一个配得上宗教信仰的对象。要通过纯粹（理论）理性找到上帝存在的证据，只有本体论的证明能满足这个目的。然而，因为根据先前给出的理由，康德认为这个证明是失败的，同样，宇宙论的证明和目的论的证明也都是失败的，所以康德没有总结出合理的推测性证明来证实

第三章 先验辩证论：纯粹理性的范围

上帝的存在。

值得注意的两点是康德对目的论证明的处理方式是这样的。第一，尽管康德知道休谟批判过这个证明，但他似乎没有把休谟的评论考虑进去，休谟的评论就是即使我们允许世界设计者的存在，我们也无法合理地推出这个设计者就是一个相当杰出的设计者。因为我们不知道这个世界是这个设计者的第一次设计尝试，还是之前有很多次进行"修补"和"搞砸了"的尝试（甚至承认它们都遵守纯粹自然科学的普遍法则）。第二，进化论——当然在康德的年代还没有人认真思考这个理论——使得他的宣称变得缺少信服力，该宣称就是我们在自然有机体之间发现的明显的目的性无法被我们解释为物理学普遍的经验法则的自然结果；因此我们没有其他选择，只能将这些现象归因于一个智能的存在，它的表现超出了任何物理法则（康德并不是认为不可能根据纯粹物理法则来解释自然中的目的性。事实上，他清楚地证实我们并没有权利这样认为。但是他的确认为，如果没有这样一种假设，即这种目的性不单单来自物理法则的运作，而且来自一个智力的存在的进一步运作，那我们——也就是人类——将永远无法解释这个目的性的原因，鉴于进化论，甚至这个宣称都不再引人注目）。

要记住的是在驳斥对上帝存在的所有推测性证明时，康德并不是在否认上帝的存在。他只是在宣称纯粹（理论）理性无法提供有效的证明来证实或者驳斥上帝的存在。形而上学只是无法回答上帝是否存在这个问题，它也无法回答类似的问题，即灵魂是否永恒和意志是否自由。然而，康德的确认为我们已经证明了相信上帝——以及相信灵魂永恒和意志自由——的理由。这些理由依赖的是我们的道德经验而不是我们的感官经验。

*　*　*

在《纯粹理性批判》的结尾，康德坚持认为他已经解释了纯粹自然科学和数学的先天综合判断如何成为可能，还证明了它们是奠定了自然科学基础的重要法则。他还认为他已经展示了形而上学无法回答自身的任何核心问题（关于上帝、自由和永恒）。这些形而上学的核心问题超出了任何可能的感官经验，正是因为如此，形而上学本身无法回答它们。截止到目前，无论这些成果是积极的还是消极的，它们都是康德"哥白尼式革命"的主要成果。现在是时候转向康德的道德哲学的基础，去看看这个革命能否在道德经验上带领我们建立形而上学所无法建立的东西。

第二部分
道德上的革命:《道德形而上学的奠基》和《实践理性批判》

从表面上看，康德并不需要用形而上学领域的"哥白尼式革命"来解释由义务而发的行动——基于他著名的绝对律令。但是后来结果却并非如此。随着康德展开分析，我们逐渐发现他的道德理论系统需要我们将理性从自然决定论中——还有从欲望和偏好的所有影响中——解放出来。只有我们区分出现象世界和物自体世界（康德"哥白尼式革命"中的一个重要内容）这才成为可能。

在第四章，我会解释康德绝对律令的由来，并且解释为什么他宣称出自欲望或偏好的动机无法给我们的行为真正的道德价值。我也会试图解释为什么尽管绝对律令只是形式，但是他相信绝对律令依然能坚定地告诉我们在道德上应该做什么。第五章将讨论我们怎样依据绝对律令而行动；我还会解释为什么康德坚持认为虽然我们不能对这个问题给出完备的理论答案，但是从实践的角度，他依然可以证明他的道德理论系统完全合理。在第六章，我们会了解为什么康德认为道德生活要求我们能够证明上帝的存在、灵魂的永恒以及意志的自由。正是这最后一个想法，即意志的自由，它对整个推测性形而上学至关重要——它是形而上学的一部分，形而上学试图研究超出我们感官经验的事物——在最后一章结尾会对康德自由意志的辩护进行批判性讨论。

道德法则和绝对律令

第四章

康德在《道德形而上学的奠基》(以下简称《奠基》)和《实践理性批判》两书中陈述了他道德理论的基础观点——他的道德观。在两书中，康德尤其注重鉴定出他所称作"道德的至高原则"以及尽可能地解释这条原则如何运用到我们身上。这些都是此章以及下章要讨论的问题。

这章大部分的内容我都会遵从《奠基》中的解释，但是当我认为《实践理性批判》中康德的证明有助于我们理解时，我会借助《实践理性批判》的内容。几乎所有人对康德的道德观的第一次——通常也是仅有的一次了解都来自《奠基》。为了讨论他道德的至高原则，我专注于以上工作的原因就在此。尽管《奠基》一直以来都被当作关于康德道德理论的基本结构的简化版的解释——并且正是由于这个原因，一代代的学生初次了解康德的道德观都是通过《奠基》——但在我看来，这是一本让人费解的作品。如果有人觉得理解《奠基》里的基本观点有困难，那我会鼓励他去读《实践理性批判》。同时，你要记住的是，尽管这两本著作得出了相似的或一样的结论，但两书中展开证明的方法却相当不同：这就是我发现后者里的解释比前者清楚得多的真正原因。

第四章 道德法则和绝对律令

在《奠基》和《实践理性批判》中,我们第一次接触到了大量的新概念或至少接触到一些先前没有进行过专业解释的概念。这些概念中有两个尤其值得立即解释一下。

第一个专业概念是准则。准则就是实践性的原则,一个理性存在者自身主动奉行该原则或至少打算认真奉行该原则(这并不仅仅是其他人对该存在者提出要求,认为他应遵守该原则)。在某些情况下,它是主体通常采取的一种行动方式(所以它是一种行为规则)。比如"只有为了我自己的利益时,我才会真诚地为顾客服务""只要我处于一个该这么做的情境中,我必然会帮助那些处于苦难中的人们""在任何情况下我都不该撒谎"。准则不一定是与道德相符的实践性原则(实践性原则本身是行为的任何规则:它可能是主观性的,也就是说这个规则有一个或多个行为人在现实中奉行——因此它就是准则——或者它也可能是客观性的,也就是说它是一个适用于所有行为人的法则,但是他们现实中不一定奉行这条法则)。

第二个专业概念是意志。意志是理性存在者的能力,它通过识别出行为规则(通过行使理性使之成为可能)而被激发。比如,如果一个理性存在者在一个特定的场合之下决心要做某个特定的行动——假设这个行为就是救济饥饿的人——这就意味着通过行使理性,意志已经识别出行为人意欲要做的行为受正确的实践原则的支配。比如每个人都应该在条件允许的情况下帮助处于苦难中的人们,由此意志被激发表现出特定的行动,因为理性已经认定在那个实践原则之下就该做出这样的行动。

从康德出发
Starting with Kant

康德认为，如果主体要有道德地行动，他至少要满足以下条件，即主体能自己产生并且奉行准则。既然我们需要理性制定出任何行为原则或规则——以及任何准则——所以康德自始至终假设只有理性存在者才能成为道德行为人。最让康德关注的问题就是如果理性存在者能够道德地表现出行动，那么还需要哪些进一步的条件运用到他们身上？我们会发现康德的意志概念在他回答这个问题时起了重要作用。

第一节 道德的至高原则

在《奠基》的开篇，康德致力于探索我们是如何区分有道德价值的行为和没有道德价值的行为。从表面上看，他做出了以下让人极其吃惊的宣称，即仅由欲望或偏好激发的行为，我们永远无法认为它拥有任何真正道德价值。他认为，哪怕我们运用了理性来确定获得我们所欲望的目标的最佳方式，并且获得这个目标（或结果）的过程因此也完全符合道德的善或正义，这个行为也依然不拥有任何道德价值。只有以下行为才具有道德价值，即这些行为在表现时，不问它们是否获得了任何意欲的目标（或结果），或者甚至不问它们是否预计会获得任何意欲的目标（或结果）。

康德知道这些宣称乍一看似乎是极其反常理的。但是他认为，经再三考虑后，我们会承认它们符合我们最深的道德信念。为了展示这一点，我们会看到大量的例子，在这些例子中，行为人本身受某些动机

第四章 道德法则和绝对律令

或欲望的支配,他自己也意识到这些动机或欲望可能会阻止或至少会阻碍他做出道德的行动。这种情况很明显是人类一个典型的窘境。当我们意识到这些诱惑时,我们很清楚我们的义务就是做出道德上正义或者善良的行为,即我们承认在道德上我们应该做这些事,但是事实上我们未必这么做了。康德想展示的就是只有当行为人承认的义务行为独立于任何欲望或偏好时,他的行为才具有道德价值。

或许康德最让人震惊也是最重要的例子就是一个行为人出于——完全出于——天生的仁爱或同情而去帮助另一个处于苦难中的人。这种行为,康德坚持认为,尽管它符合义务——因为(康德坚持认为)当你处于一个应该这么做的情况时,帮助那些处于苦难中的人们就是你的义务——却不具备真正的道德价值,哪怕这个行为人依据自己的性情而行动时我们非常爱戴他。为什么没有道德价值呢?因为这个行为人的偏好就是自己天生同情别人,从而产生各种行为,不是为了义务而产生各种行为,不是因为这个行为人已经承认,在这种情况下,这是他在道德上应该做的行为。但是,康德继续说,假设这个行为人对他自己的境况忧心忡忡,因此他完全失去了对他人的天生的同情心,但是,他却依然帮助那些苦难的人们——尽管现在他承认这么做仅仅是出于他的义务(我们可以假设他依然乐于助人)。那么他这次帮助其他受苦人的行为,我们可以将之当作第一次具有道德价值的行为:

> 力所能及地行善是义务。此外,有一些富有同情心的人,即便没有虚荣或利己的其他动机,他们在向周围传播幸福时自己也

能找到发自内心的喜悦,并且如果他们的努力为别人带来了满足,那他们自己也会感到快乐。但是我坚持认为这种善良行为无论多么的正义,多么的友善,都不具备真正的道德价值……因为它的准则缺乏道德内容,即不是出于偏好,而是出于义务去做出这些行为,那么假设这种善人的心智被悲痛所笼罩,这种悲痛消解了他对别人命运的一切同情……假设不再有任何偏好来去鼓励他,他自己从死一样的冷漠中挣脱,不出于任何偏好,仅仅为了义务做出这些行为,那么这才是他第一次具有真正道德价值的善行。(《奠基》,第一部分:4:398)

很多读者都被这个例子所困扰。他们十分吃惊,误以为我们认为由完全天生的仁爱所激发的行为没有真正的道德价值。简单地说,这个个例——康德似乎这么做了——看上去就像回避这个问题:是否我们真的认为只有为了义务而做出的行为,而不是基于欲望或偏好做出的行为,才能被归结为最高的,也就是具有道德价值的行为?

为了理解康德此处的观点,我们需要意识到在康德看来,如果一个行为完全是出于欲望或偏好——甚至是某个人把别人的快乐当作他自己的目标——这就意味着这个行为仅仅是为了直接或间接地给行为人带来愉悦感(或者是为了避免痛苦)。在《奠基》中,当康德写到欲望或偏好时——在其他作品中他有时把它们更狭隘地规定为感官欲望或偏好——他指的总是导致行为的动机,我们意识到了自己的愉悦或痛苦从而产生了这些动机。比如,如果我想去印度餐厅吃饭,这种欲望

第四章 道德法则和绝对律令

由（对我而言）对吃到咖喱菜的愉悦期待而产生，或者我想要快速地离开一座建筑，这可能是因为我害怕它立马坍塌。在康德看来，行为人对某个目标的欲望或厌恶必定完全是因为行为人意识到了该目标给予他的愉悦或痛苦。

既然，在康德的这个构想下，行为人通过提升自己的幸福或者减少自己的痛苦来确定自己的真实欲望或向往，无论这种倾向性是真是伪，康德都断言，只要我们遵从自己的欲望或向往而采取行动，那我们就是受控于我们的自爱或自我幸福了：在《实践理性批判》中，康德将它们称作"自爱的一般原则"。随后，康德进一步认为，任何完全出于自爱的动机而做出的行为都不具有道德价值，无论这些行为对更广的社群而言是多么的有用。

我认为现在我们大多数人都会同意只要一个行为完全被自爱或某人自身的幸福所激发，那它就没有道德价值。更有争议的是康德以下的观点，即他坚持认为所有由欲望或偏好所激发的行为——包括那些由对他人的同情或仁爱所激发的行为——都是自爱的结果。康德坚持认为它们就是自爱的结果。正如我已经说过的，因为康德认为只是愉悦感决定了这些行为，这个愉悦感是由他们的行为产生或者行为人认为他们的行为可以产生愉悦感。因此，在以上那个行为人拥有仁爱性格的个例中，尽管我们知道他并没有深层次的"虚荣或自利"的动机，我们还知道他在向周围其他人传播幸福时他内心也能觉得愉悦和快乐；这就意味着事实上这种愉悦和快乐激发了行为人。事实上，在《实践理性批判》中，康德明确宣称，我们任何人无论何时被欲望或偏好所激发去做出确定的行为,这个行为永远是因为行为人认为这个行为可以给自己带来愉悦(或避免痛苦),因此这个行为的动机就是自爱。

要注意,在那个天生具有同情心的行为人故事的第一部分中,行为人在给其他人传播幸福时,尽管他并不想要获得另外的或别有用心的结果,但是的确存在一个他所想要的结果或目标。这个目标就是让别人获得幸福,并且,在康德看来,这种欲望产生是因为这种想法给行为人带来了愉悦,该想法就是给其他身处苦难中的人传播幸福。因此,在这个例子中,行为人做出的行为(在行为人看来)直接有助于满足他的欲望。当然,也有很多行为的产生就只是因为或主要因为它们间接地有助于满足欲望。比如,如果一个行为人所想要的结果是成为一个成功的政治家,那么他可能会花时间学习经济学。我们可以猜想,他这么做的原因就是对他而言,获得经济学的知识是一个重要途径,可以满足他的长期欲望,即成为一个成功的政治家。在这里,行为人认为学习经济学间接地有助于满足他的欲望。此外,我们可以假设他学习经济学并没有立即让他感到愉悦,他这样学习仅仅是为了(他相信)提高他成为一个成功的政治家的概率。这个成就才是行为人最终所想要的结果,因为成为一个成功的政治家这个想法给予了他愉悦——这种愉悦的意识间接地激发他去学习经济学。

为了区分出于义务而做出的行为和遵从欲望或偏好而做出的行为,到目前为止康德给出了很多理由,我概括一下主要理由。完全由欲望或偏好所激发的行为——哪怕这个行为完全与义务相符(就像那个

第四章 道德法则和绝对律令

天生具有同情心的行为人的例子）——它不具有道德价值。因为这种行为的产生只是因为行为人认为这么做会直接或间接地给自己带来愉悦或者避免痛苦。然而，在我们的道德意识中，我们可以清楚、坚定地区分出为了义务而做出的行为和为了自爱而做出的行为（为了我们自己的愉悦或者避免痛苦）。因此，只要是出于义务而做出的行为，它就无法依靠以下的任何事物，这些事物一旦刺激行为人的欲望或偏好就得到动力性的效果。相反，就具有道德价值的行为而言，该行为的动机就必定独立于任何有利于这种刺激的事物。因为如果一个行为在某种程度上具有道德价值，那它的动机必定不依靠任何来自欲望或偏好的刺激，行为人道德动机的基础必定独立于任何有助于产生他欲望或偏好的事物。

结论就是行为人为了确定他所预期的行为是否具有任何道德价值，他需要做的就是看他是否愿意遵从他的准则，即使这个准则无法迎合他的欲望或偏好。如果他扪心自问是否愿意将自己的准则当作法则，适用于所有可能的理性存在者，无论这些理性存在者的欲望或者偏好有什么不同，那么他就能发现他是否愿意遵从他的准则（康德全程指的只是有限的具有意志力的理性存在者）。因为所有可能的理性存在者他们唯一一个共同点就是他们都拥有行使理性的能力。所以，如果一个行为人，只要他愿意将自己的准则当作一条适用于所有可能的理性存在者的法则，并且遵从自己的准则而行动，那么他的准则就不可能迎合他的任何欲望或偏好。因为没有对象可以激发所有可能的理性存在者的欲望或偏好；因此，准则的内容——它规定了一个特定的行为——就无法激发所有行为人的欲望或偏好。最多有个经验性的概括,就是所有事实的理性存在者都欲求同一个目标(包括同一特定的行为):但这种概括无法适用于所有可能的理性存在者。因此,如果一个行为人遵从他的准则而行动,并且他愿意其他所有可能的理性存在者也这样做,那么他的动机就不是来自能够激发他欲望或偏好的准则。如果的确如此,那么它必定会同样激发所有其他理性存在者的欲望或偏好——而这是不可能的,因为不存在可以激发所有人欲望的目标。

因此,如果行为人愿意所有可能的理性存在者都奉行他的准则,那么他的行为不可能被任何迎合他欲望或偏好的准则所激发。相反,他的动机必须只来自这样的认知,即所有的理性存在者能把该准则接纳为一条法则。换言之,一旦我们以刚刚描述的方式完全抛弃准则的内容,那就没有东西可以激发意志了,除非它愿意被所有的理性存在者奉行。因此,出于义务的行为必定只是行为人的实际原则的形式——更确切地说,他的准则可以被当作普遍的法则(也就是说,适用于所有可能的理性存在者)——而不是准则的内容激发了他的意志。

无可否认的是,行为人可能也愿意做出那个行为,因为准则的内容让他感到愉悦。但是只要他的行为具有任何道德价值,那这个行为必然是被以下这种想法所激发的,即他愿意把自己的准则当作一条普遍法则。单单这种动机就必须要行为人的行为表现不依靠任何的欲望或偏好,并且单单这种动机就赋予了他行为的道德价值。因为一

第四章 道德法则和绝对律令

旦我们消灭了所有出于欲望或偏好的动机,那就不剩什么东西可以激发意志,也就没有什么东西能够给行为提供道德价值——我们必然会承认一些行为具有道德价值——除非准则与普遍法则相符。这种相符性,因为它和行为人准则的结构或形式有关,所以它只能通过理性而被确认。

康德现在已经得出了道德的至高原则——他也经常称为道德法则或者绝对律令——如果行为本身是出于义务而产生,那么任何行为的准则都必须归在道德的至高原则之下。只要一个行为具有任何的道德价值,那它的产生必定是因为行为人的准则——他自己的行为原则——能够成为,同时也愿意成为一条普遍法则:

> 但是什么样的法则可以做到如此呢?即使不考虑由此所期待的结果,它也必须规定意志,以便意志可以绝对地、没有限制地被称为善。既然我从意志中去除了一切诱因,这种诱因可能产生于遵循某个法则而产生的某个结果,所以,剩下来的就只有行为符合普遍法则的这种相符性了,唯有这种相符性应该充当意志的原则。也就是说,我不应该以其他方式行事,除非我也能希望我的准则能成为普遍法则。在这里,唯有这种与普遍法则的相符性(不以任何一种规定了某种行为的法则为基础)才是充当意志的原则,而且如果义务不是随处可见的空洞的或荒诞的概念,那它就必须充当意志的原则。(《奠基》,第一部分:4:402)

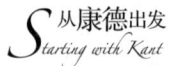

第二节 形式与内容：理性和感性

康德对实践原则内容和形式之间的差别进行了区分，在阐述康德的道德法律或绝对律令的由来时，我已经采用了他的区分。现在我们应该对这个区分进行更深的讨论，并且把它放入一个更宽阔的哲学情境之中。

原则的内容就是这个原则关于何事——它的主题——（比如）是否这减轻了其他人的痛苦或提高了某人自己的世俗地位。当一个行为人因为这个原则的内容激发了自己的意志而遵从这个原则时，康德就把这个实践原则称为内容原则。并且，正如我们已经知道的，康德认为所有的内容原则只通过愉悦或痛苦来激发意志，那个原则的内容带给了行为人愉悦或痛苦：正是愉悦或痛苦的感受催生了我们的欲望或偏好。另外，当一个行为人仅仅凭借原则的形式或结构来奉行原则，那么康德称这种实践性的原则是纯粹形式原则。只有形式原则才能独立于任何愉悦或痛苦的感觉而激发意志。一个原则如果凭借其形式而不是其内容来激发意志，那它就不会唤起我们对某个目标的欲望或者厌恶感。这种欲望或者厌恶只能由原则的内容产生，而不是由依靠我们理性的事物产生，如原则的形式或结构。在这个问题上，两派哲学家们的意见都一致，比如康德，他宣称道德只以理性为基础（他们就是为人所知的道德理性主义者），还有休谟，他宣称道德的基础必定是感性或感情加上理性（他们就是为人所知的道德经验主义者）。这两派都同意理性的行使——这里理性被认为包括了知性——的确不能通过自身来产生任何可以激发意志的感觉。休谟在他的《道德原则研究》中对这个观点做了很好的总结：

> 所有道德思考的目标都是要教导我们义务以及通过对德行上美和丑的缺陷的适当再现，产生相对应的习惯，然后使我们避免一些习惯而接受另一些习惯。但是这无法期待从知性（或理性）的推论或结论之中获得，它们自身无法掌控感情……

既然休谟坚持认为理性的行使本身无法产生任何愉悦或痛苦的感觉——那么也就必然不会对任何目标产生欲望和厌恶——他得出结论：假设（正如康德已经假设过的）道德是一门"实践性的研究"，也就是说，它本质上和出于义务而行动相关，那么仅凭理性就无法成为道德的基础。对休谟而言，道德的基础必须是我们感觉的刺激和理性的使用。

康德彻底反对这种道德基础的观点。他坚持认为如果是出于义务而做出一个行为，那么在这个意义上，该行为就不能因为它会给行为人带来愉悦或者避免痛苦而被激发。只有我们奉行的原则不是因为其内容（或事件）而是仅仅因为其形式（或结构）激发了我们——更具体而言，凭借其愿意成为普遍法则的能力——这个行为才具有道德价值。现在这个问题，即是否一个实践性原则可以被当作普遍法则，取决于理性（因为正是理性决定了原则的形式或结构）。因此，如果我们的行为要具有道德价值，必定是我们的理性决定了我们的义务并且最终激发了我们的意志。

康德在《奠基》中策略的要点很容易被人们忽略。他在第一部分和第二部分并没有试图证明只有理性可以激发意志。直到第二部分的结尾，休谟可能是正确的，他确认仅凭理性无法激发意志。康德坚持认为如果义务不是"随处可见的空洞的或荒诞的概念"，那我们必定有可能只遵从那些我愿意它们成为普遍法则的准则而行动（因此可以只通过理性将之变为普遍法则）。因此，正如康德所说，任何"道德"理论——就像休谟的理论——休谟宣称了我们无法只通过理性来激发我们的行为，并且我们义务的表现最终是以感觉（或感性）为基础的，这种理论彻底消灭了以下的可能性，即我们的行为具有任何真正的道德价值。在《奠基》中，直到在第三部分的最后一节，康德才开始讨论这个关键问题，即如果可能的话，纯粹理性——只凭理性——如何具有实践性，也就是说，如何激发意志。

第三节 敬重的感觉

尽管康德明确宣称出于义务的行为要求人们的行为必须在根本上是被理性而不是被任何欲望和偏好激发，但是他也似乎有点前后不一——宣称出于义务的行为需要人们意识到对道德法则的敬重（或

第四章 道德法则和绝对律令

尊敬）而行动。同时，他还断言敬重是一种感觉。因此，康德似乎既认为我们必须只遵从理性去行动，又认为如果我们想出于义务而行动的话，必须遵从一种（敬重的）感觉去行动。这看起来相当矛盾，因为考虑到之前他宣称过我们需要把任何愉悦或者痛苦的感觉搁置一边，把任何同情或怜悯搁置一边，因为它们会在我们行使理性激发我们执行义务时干扰理性。

只遵从理性而行动和出于对道德法则的敬重而行动，《奠基》中关于这两者关系的论述给很多读者的理解带来了困扰。如果我们要解决这个困扰，就需要坚信：康德绝对没有撤回他的观点，他坚持认为如果存在具有道德价值的任何行为，那么必定是理性最终激发了意志。如果一个行为人要出于义务而行动，那么感觉无法先于理性的行使而成为动机的基础——唯一基础。那么敬重的感觉是如何在我们的道德动机中起作用的呢？

康德在《实践理性批判》中对此做出了清晰的回答（参见《实践理性批判》，第三章，"纯粹实践理性批判的动机"：5:71—89），但即使《奠基》的确有透露出敬重的感觉是由于我们在规划和试图遵从普遍法则而行动的过程中通过行使理性而产生的，而不是我们先感受到敬重的感觉，随之产生了我们的理性来规划或遵从普遍法则而行动。与之大相径庭："敬重（或尊重）是法则施加在主体上的结果，而不是法则的原因"（《奠基》，第一部分：4:401，脚注）。在现象的层面上，敬重的感觉是一种意识：我们意识到克服自己的欲望和偏好而行使纯粹实践理性。因此，无论何时我们为了义务而行动时，纯粹理性就是我们的根本动力；但是通过敬重的感觉（该感觉是由理性在克服我们的欲望和偏好的过程中产生的），我们意识到了遵从意志的行为。因此，通过实践理性本身并不会产生任何感觉——它不是通过自己产生的，就像休谟解释的那样，"无法掌控我的感觉"——虽然如此，但是它的确通过约束我们内心的欲望和偏好，产生了我们对道德法则的敬重感。

作为有限的理性存在者，我们的意志总是容易受到欲望和偏好的影响——事实上，在任何确定的实践情况中，康德坚持认为这些冲动（即欲望和偏好）的影响总是先为我们所知——并且只能通过理性克服它们对我们意志力的影响（在确定的情况中运用道德法则）。因为我们尊重道德法则，所以我们知道这两种理由是对立的，也知道源于道德法则的理性推论应该占上风。在和由欲望或偏好（意志的经验理由）激发的意志对抗过程中，纯粹实践理性产生了这种敬重感，并且这种感觉证实了我们认可的道德法则的权威。以下内容摘自《实践理性批判》以强调以上观点：

> （经验的和理性的）决定根据的异质性就通过在实践中立法的理性对一切彼此干涉的偏好的抵抗让人辨认出来，而这种抵抗依凭一种特殊的感受，但后者并不先行于实践理性的立法，确切地说作为一种约束才产生的，没有人对这种偏好有这种敬重的情感，而是对（道德）法则有这种敬重的情感。(《实践理性批判》, 5:92)

第四章　道德法则和绝对律令

因此，当我们出于对道德法则的敬重而行动时，正是我们的纯粹实践理性给意志提供了动机，因此那个行为将会为了义务而表现出来。但是，因为在应该出于义务而行动的情况下，我们经常做不到以上表现，所以，在敬重感和我们义务两者之间的关系上，康德是这样表达的："义务就是出自对法则敬重的一个行为的必然性。"(《奠基》，第一部分：4:400)。在见证或想象一个道德良好的行为时，我们承认高于一切的要求——必然性——让我们的行动是出于对道德法则的敬重。但是这种感觉本身是在克服我们经验性决定的意志时，行使理性所产生的结果；并且，就我们具有任何道德价值的行为而言，它必定是成功激发了意志纯粹理性的行使（通过战胜我们的欲望和偏好）。

第四节　绝对律令告诉我们应该做什么？

到目前为止，我们已经研究了康德是如何把道德法则或绝对律令作为道德的最高原则的，并且研究了我们是如何通过敬重的感觉意识到道德法则是在我们之上的权威的。我们还提到，但并未解决这个问题，即如果仅用理性就能激发我们的意志，那道德如何可能存在？正如我们注意到的，休谟提出了这个问题用来反攻所有的道德理性主义者。他反对该理论的理由就是，仅用理性就能使我们做出行动：任何切实可行的道德理论，为了说明道德的实践本质，都必定要参考我们

155

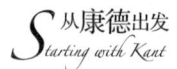

的感性,从而参考我们的欲望和偏好。我认为这是对抗康德道德哲学最重要的一个反对观点。我们随后会关注这个反对观点。

事实上,休谟对道德理性主义者提出了两个重要的反对观点。它们是:(1)仅用理性就能决定我们的义务;(2)仅用理性就能激发意志(来行使我们的义务)。我刚刚提到的正是这第二个反对观点。但是第一个反对观点:仅用理性甚至无法告诉我们什么是我们的义务——那它是否能激发我们去遵从义务而行动呢?

关于绝对律令有一个经年不断的批判就是有人认为它的本质是纯粹的形式,这使它无法充分传递出任何确定的判断内容,即我们道德上应该做什么。本书的研究比较简要,我无法深入地探讨这个问题。但是,我们必须努力理解为什么康德明确认为绝对律令可以相当清楚地告诉我们义务是什么。然而,在我们研究他的一些例子时,我们应该预先阐明一个观点。如果我们在日复一日的情况中使用绝对律令,康德并不是假设每次我们扪心自问在道德上应该怎么做时,都会绝对采用这个规则(就好像我们每次感知对象的状态变化时,他也并不认为我们必定绝对采用了充足理由律)。尽管如此,但他依然认为我们在道德情境中的实践有力展示了在含蓄的层面上,为了找到自己的义务,我们的确总是采用绝对律令。

正是在《奠基》的第二部分,康德努力以简明清晰的方式解释绝对律令如何在事实个例中应用的大体框架。他举了四个例子,在这四个例子中,行为人需要扪心自问,如果他遵从确定的准则,那他的行为是否具有道德价值。我认为四个例子中的两个例子有与众不同的启发

第四章 道德法则和绝对律令

意义。另外的两个例子,尽管它们的确阐明了准则之间的其他差别,但是并没有补充任何其他我想重点阐明的差别(但接下来我会讨论其中一个例子——关于自杀的例子)。

第一个例子——在第一部分中也讨论过——就是一个主体决心遵从以下准则而行动,该准则就是为了能在自己财政困难的时候借到钱,他承诺会还钱,但是他心里压根儿没打算实践该承诺。我们可以认为这个行为人已经算计好了这种行为将会符合他总体的自我利益。但是这造成的一个问题就是这么做在道德上正确吗?为了找到该问题的答案,行为人需要扪心自问,是否他愿意自己的准则成为普遍法则:也就是说,该准则成为一条每个理性存在者都接受并遵从的规则。一旦这条准则转变成了普遍法则,那么虚假承诺还钱就行不通,当然前提是行为人遇到了财政困难。如果这条准则要成为普遍法则,那么那些被承诺的人需要相信行为人会还债。但是,由于他们意识到了行为人财政困难,所以他们就不会相信他会还钱。因此这条准则就无法成为普遍法则。

要记住我们假设的是以下的原则可以作为普遍法则适用或者被认可为普遍法则:当遇到财政困难时可以允许做出一个虚假承诺。既然根据推测,行为人感知到的自我利益使得他做出了虚假承诺,并且由于(正如康德所认为的)每个人总是会根据自己的自我利益来行动,除非识别出这种行为在道德上是禁止的,他们才会摆脱这种行为,所以假设我们知道他面临财政困难,那我们就确信行为人在说谎。这是因为,众所周知,这种行为在道德上并没有被禁止。因此,这条准则

无法被当作普遍法则而被执行,因为它的执行条件,就是其他人认为行为人即使财政困难也会还钱,无法成立。正如康德所解释的,如果这条准则成为普遍法则,这会使得承诺和人们在做承诺时的目的性本身成为不可能(在财政困难的例子里),因为没人会相信自己承诺的东西,只会把这种言语当作空洞的耻辱加以嘲笑。

第二个例子是这样的,假设一个行为人家境殷实,他的准则就是永远不去帮助别人摆脱苦难,他的理由就是其他人的幸福苦难都和他没有关系。康德承认这条准则和第一种类型的例子不一样,它可以被认为是普遍法则但是人们却不愿意它成为普遍法则。一个充斥着相互自利的社会——在这种社会中没有人愿意帮助那些因苦难而无法参与到种种相互自利行为中——这种社会可以被认为持续存在。但是这种准则无法被行为人当作普遍法则而执行。因为为了测试行为人的准则是否与义务相对立,行为人必须要考虑这样的情况,即他自己处于苦难之中,而其他人可以帮助他。因为如果在这种情况下的准则在道德上是正确的话,那么当理性存在者的角色在该情况中被换过来的话,该准则在道德上依然是正确的,假设这两种情况差别不大。当以上例子中那个家境殷实的行为人尝试角色互换,即想象他自己处于一个苦难的情况之中,而其他人可以去帮助他时,结果显示他不愿意自己的准则成为普遍法则。作为一个有限的理性存在者,他必然会有需求(需求是一个有限理性存在者的部分意义:与上帝不同,上帝没有需求);更具体而言,他需要避免不必要的痛苦并且获得幸福。因此,在苦难的情况之中,他要求——并且通过理性他愿意——获得其他人的帮助。然而,既然他一开始把自己最初的准则当作普遍法则,那么他也愿意所有的理性存在都接受这条规则,即没有人愿意帮助那些处于苦难中的人,即使他们处于一个能这么做的情况之中。因此,他的意愿就自相矛盾了:行为人既不希望某人来帮他又希望某人来帮他。要注意,这并不是呼吁自利的例子,而只是理性的要求的例子。家境殷实的行为人可能会非常清楚——并且绝不怀疑——他绝不会有朝一日处于苦难的情况之中,需要别人的帮助。虽然如此,道德的逻辑要求就是该行为人测验了他的准则来弄清楚行为人是否愿意他的准则成为普遍法则,并且他的理性向他展示该准则无法成为普遍法则。

所以现在我们有了两种类型的准则:一种准则被认为不是普遍法则;一种准则是不愿意被当作普遍法则(很明显,如果一个准则被认为不是一个普遍法则,那人们必然不愿意把它当作普遍法则。因此,当康德确信绝对律令的必须要求就是你只能遵从以下类型的准则而行动,即你能够并同时愿意它成为普遍法则的准则,这不能和以下的准则相混淆,即那些被认为不是普遍法则的准则)。无论康德绝对律令的内容是什么,我希望从这些例子中大家可以很清楚地看到绝对律令的形式本质与传达的规则相符,这些规则禁止了某些类型的行为。作为一个有限的理性存在者,我们每个人有时会忽略的就是,我们已经有了很多特定的欲望和需求。在应用绝对律令来决定义务之前,我们就已经感觉到了这些欲望和需求,因此,对我们每个人而言,起初的准则就是构想出能够表达我们个人欲望和需求的行为规则。因此,我们每个人都有很多打算遵守的特定类型的准则,除非我们识别出义务把我

们约束起来——为了确定我们的义务,需要对这些特定的准则行使绝对律令。以上的每个例子都展示了如果试图将某人的准则变成普遍法则的话,的确能传达出某些道德禁令。无可否认,很多准则都能被认为是普遍法则;但是另外一个约束条件就是人们必定能够愿意把这个准则当作普遍法则,这约束条件的效力很大。某人扪心自问,如果在一个情境之中角色互换,他还是否依然愿意将自己的准则变成普遍法则,这种自我反问确实能进一步限制人们决定把哪些准则当作普遍法则。

但是,现在可能会有人反对说我们已经发现绝对律令可以传递道德禁令,但是也只能是传递而已。它并没有指导我们在任何情境之中应该积极地做什么:它只是试图排除掉某些类型的行为。尽管在《奠基》之中康德并没有清晰地反击这种观点,但是从他在其他作品中的观点我们可以很清楚地知道这种反对观点具有误导性。思考一下第一种类型的例子,在该例子中准则被认为不是普遍法则,而在第二种类型的例子中,人们不愿意把某些准则当作普遍法则。因为在两种类型的例子中的行为在道德上是禁止的(因为这些准则无法成为普遍法则),所以康德认为,与这些行为相对立的行为就是我们的义务。因此,在第一种类型的例子中,在确定的情况下做出虚假的承诺,这种准则不可能被认为是普遍法则,那么在所有个例中奉行该准则的行为都是被禁止的,因此在这种情况之下,做出的确打算还债的承诺才是义务。在第二种类型的例子中,在能帮助处于苦难中的人们时,不帮助他们,既然人们不可能愿意将这条准则作为普遍法则,那么奉行该准则的行为在道德中是被禁止的,那么假设某人能帮助处于苦难中的人们时,

第四章　道德法则和绝对律令

帮助他们才是义务。

有人会提出，如果在把一条准则或者与之对立的准则推崇成普遍法则的过程中没有出现矛盾，那么这两种准则相对应的行为在道德上都是允许的，因为绝对律令并不是总能够区别出两种对立的行为方式，它有时候无法做到这点。但是似乎这种反对观点的前提假设是在两个完全对立的行为方式中，必定有一个在道德上永远是正确的。这种观点并不正确，除非它可以展示符合这种情况的例子，否则该反对观点，即可能存在着两种对立的行为方式在道德上都是允许的，无法反驳康德的绝对律令。此外，如果绝对律令展示了命令行为及其对立行为的准则都可以成为普遍法则的话，那么接受这个道德认可后，我们就无法合理宣称确定的行为方式在道德上是错误的。因此，即使是在这里，绝对律令也能展示一种行为方式在道德上是正确的——因此它的行动不会与义务相抵触。

我将要讨论一个更深层次的批判。大家对这个批判很熟悉，该批判认为康德的义务概念是不现实的普遍：如果某个行为是正确的，那么它就是永远正确的，而如果某个行为是错误的，那它就是永远错误的。通常人们认为康德关于说真话的观点表明了他认同以上的观点。毫无疑问，他的确认为人们应该永远都说真话：他认为"善意的谎言"在任何情况下都是不对的。同时，正如很多评论家所指出的，康德是否承诺这一自由立场，甚至包括说真话的自由，这并不清楚。但是，无论如何，说康德认为我们的义务总是同样的自由，那也明显是错误的。思考一下《奠基》第二部分康德四个例子中的一个：

在该例子中,有个行为人计划自杀。该例子同之前讨论过的例子一样,即为了摆脱财政困难而做出一个虚假承诺,康德认为我们甚至不可能将这种出于自爱而自杀的准则认为是普遍法则。因此,他坚持认为应该永远禁止出于自爱的自杀。但是他并不是认为永远都应该禁止自杀——或者康德的术语将之解释为"蓄意杀死自己"。因为准则不仅描述了大致构想的行为比如自杀或者做出一个虚假的承诺,还包含了其理由或者动机的描述,比如出于自爱或者是为了摆脱财政困难。因此,说得更明确一点,准则中描述的行为包含了其理由或动机。正是这些更加具体的描述要求行为人将他的准则作为普遍法则,以此来确定他所计划的行为的道德地位。

但是康德认为出于自爱的自杀在道德上是被禁止的,他做出了以下假设,即为了防止秘密落入本国的敌人之手,行为人自杀,这种自杀在道德上是允许的。他认为那种允许出于自爱而自杀的准则无法被认为是天性系统中的普遍法则。因为(康德宣称)自爱的功能是为了在任何可能的情况下,保护某人的生命;这就和天性系统完全对立了,因为在天性系统中如果某人生命的继续存在"产生了更多的不幸而不是带来幸福"时,自爱的功能就是结束某人的生命(康德的观点是在确定的情况下,如果出于自爱而自杀的准则可以被认为是一条普遍法则,那么自爱就会产生两种截然相反的功能倾向:在一种功能中自爱总是本能地力图保护某人的生命;另一种功能就是,在某些完全相同的情况中,自爱总是本能地力图终结生命。一套天性系统,也就是受普遍法则支配的系统,不可能以这种方式运作)。但是这种自杀准则,即

第四章 道德法则和绝对律令

为了防止把秘密泄露给本国敌人，比如在拷打之下泄露秘密，人们愿意该准则成为普遍法则。因此，这就与义务不相矛盾了。

无论人们在自杀例子中认为康德特别的论证有什么优点，很明显他采用的绝对律令并没有暗示说如果在某些情境下的这些行为在道德上是正确或是错误的，那么这些行为必然在其他所有情境下也是如此。在询问某人的准则是否能成为普遍法则时，必须要考虑其理由或动机，这样就能极大地限制普遍法则的范围（就像有一条普遍法则是水加热到100摄氏度就会沸腾，其前提条件是在常压之下）。

我总结一下休谟对道德理性主义的，即仅凭理性无法确定在道德上什么行为是正确的或错误的——第一个反对观点并不是果断反对康德的哲学理论。因为在康德的理论中，绝对律令的理性被用于一个行为人所意欲的，并且通常而言是相当明确的实践性规则（或准则），大体上，理性有可能确定后继的行为能否出于义务而被执行。此外，康德在《奠基》中举出的例子，阐明了绝对律令是如何运行的，这些例子强烈表明，至少在一些个例中，理性的确能够告诉我们在道德上什么行为是正确的或什么行为是错误的。

现在我们还剩下的就是休谟对道德理性主义理论的第二个主要反对意见，也就是即使理性可以确定什么行为是善的，什么行为是恶的，但是仅靠理性无法激发意志去做出善的行为或避免恶的行为。只有刺激了我们的欲望或偏好——通过预料愉悦或痛苦——我们的意志才能奉行任何规则产生行为：这些规则规定了我们应该做什么。但是这些规则，为了获得我们所欲求的事物或者躲避我们害怕的事物，

163

它们总是告诉我们应该做什么；它们告诉我们什么是最佳方式，从而获得假定的愉悦目标或避免假定的痛苦目标。如果把美德里所有温暖的感觉和偏爱去除，把对恶行的所有厌恶和抵制也去除……那么道德就不再是一门实践性的研究，也不复拥有可以规范我们生活和行为的倾向。即使理性可以确定什么是善行什么是恶行，那它还需要感触到我们才能为行动提供最初的动力，否则道德——作为一个实践性准则——就会走到尽头。这种休谟式的观点对康德而言是个重大挑战，因为根据康德的观点，除非理性具有实践性，否则道德根本就不存在。

理性可以激发意志吗?

第五章

在《奠基》第二部分快结尾的时候,康德概括了他的道德理性主义和休谟的道德经验主义之间的显著差别(他还把自己的道德理论和很多其他的道德理论进行了比较,但是我关注的是他和休谟的理论的比较)。通过区分意志的自律和他律,康德将这两种理论进行了比较,本书是第一次介绍自律和他律的区别。该区别与在第二部分介绍的另一个区别,即绝对律令与假言律令之间的区别,两者之间紧密联系。理解这两组区别可以帮助我们理解这章的主要问题:康德怎样回答纯粹理性如何具有实践性。

第一节 意志的自律和他律的区别以及该区别与绝对律令和假言律令的联系

只要存在意志的自律,理性就会采用绝对律令来确定我们应该做什么并且相应地激发意志。在这里意志被理性的自我意识激发,也就是理性采用一条完全由自己制定的规则(绝对律令),因此理性的

第五章 理性可以激发意志吗？

运作独立于任何欲望或偏好。这就和意志的他律相矛盾了，在意志的他律中，行为的动机并非来自理性的行使而是来自行为人的欲望或偏好。在这种情况下，理性仅仅确定了一个最佳方式，通过该方式行为人可以获得任何意欲的目标（或结果）——欲望和偏好总是先行于理性制定出行为规则，并为意志提供动机。

只有当意志自律地运行时，行为人的行动才能具有道德价值；因为只有这样行为人的准则才与绝对律令相符，从而激发他的意志。意志的他律与道德要求的行为截然相反，因为即使意志的他律产生的行为与义务相符，但是其动机不是来自以下的认知，即某人愿意他的准则成为普遍法则——因此不是来自纯粹理性，而是来自欲望或偏好。在这里，尽管行为人的行动与义务相符，但他不是为了义务而行动，出于义务的行动要求行动来自意志的自律。

现在我们可以用意志的自律和他律的区别来对比康德的道德理性主义的基本原理和休谟的道德经验主义的基本原理。在康德学派看来，所有的道德"应该"判断都直接来自行为人理性的行使（用以确定人们是否愿意将这些实践准则作为普遍法则）。无论行为人的欲望或偏好强烈促使他做什么，这些道德判断告诉了他应该做什么：这就是为什么康德将它们称为"绝对律令"。并且如果我们的行为具有道德价值，那它们必定是被理性的直接认知所激发，即理性认知到应该做出这些行为。仅通过这种方式，人们就可以为了义务而做出行为。如果有人宣称我们应该做某个行为是因为这是获得某个所欲求的结果的最好方式（即使这个结果避免了别人的痛苦），那么在这种情况下，该行为依然没有任何道德价值：该行为可能体现了符合义务的意志，但是并没有体现为了义务而去行动的意志。因此，对于康德而言，所有为了义务而去做的行为绝对体现了意志的自律。

在休谟学派看来，所有的"应该"判断——包括道德"应该"判断——只是间接地（并非直接地）产生于理性的行使。也就是行为人的某些欲望或偏好告诉行为人应该做什么：康德把它们称为假言律令。在假言律令的情况下，我们使用理性只是为了找到获得所意欲的目标（或结果）的最佳方式。因此，我们道德上的行为认知总是有条件的，即以行为人的欲望或偏好为条件；而理性的作用只是要弄清楚为了获得我们所意欲的目标我们应该怎么做。但是为了获得这些结果，在确定我们应该怎么做时，我们的欲望总是先行于理性而运作，并且总是这些林林总总的欲望，而不是我们的理性激发了我们的意志。因此，根据休谟的观点，所有出于义务而做出的行为体现并且只体现了意志的他律。

康德认为，用休谟的观点来分析我们平时对执行义务的理解是完全错误的。康德认为他对这些日常概念如义务和道德责任的分析已经很清楚地展示了我们把两种行为进行了对比，即为了义务而做出的行为与为了某些意欲的结果（或者是任何其他的事物）而做出的行为，并且如果道德是一个实践性的准则，那么纯粹理性就必定既确定了我们的义务又激发了意志去执行这些义务。如果道德并不是一个"空的妄想"，那我们就需要出于意志的自律而不是他律而做出

第五章 理性可以激发意志吗？

行为。

你可能会说，这都很好，但是行为人如何可能只通过理性来激发他的意志呢？还有一个类似的问题就是，在康德的义务概念下，我们如何能够承认这种必然性，即为了义务而必然做出行动？即使我们很清楚这种行动可能不仅让我们的自我利益落空甚至还损害我们的自我利益？因为康德已经证明，我们平常的义务和道德责任的概念其自身必然带有强硬的指令。然而在他对这些概念所有错综复杂的分析中（在《奠基》的第一部分和第二部分的分析），我们没有获得关于纯粹理性如何可能具有实践性的解释，更不用提道德法则如何能被认作我们行为之上的至高权威，即不论我们的欲望和偏好是什么，道德法则都会告诉我们应该做什么。

在这个关键点上，康德借用了他在形而上学领域发动的"哥白尼式革命"，通过对现象世界（现象的世界）和物自体世界（本体的世界）的区分来解决这些问题。

第二节 绝对律令如何成为可能？

我们已经知道康德认为如果道德持续经营的话，意志的自律是必然的。但是意志的自律如何成为可能呢——也就是说，只凭理性如何激发意志呢？

康德认为我们的概念自由是理解这一问题的关键。毕竟，自由意

志的运转独立于任何外在原因的推动,同时,它本身就是行为的原因。但是,如果我们认为任何事物都具有因果律,那我们就需要认为该事物符合一个法则,该法则包括了以下理念,即如果存在着某物是原因,那么,(在同样的情况下)必定总是存在着某物是结果。恰好概念原因性带有这种合理联系的理念。因此,一个自由的意志如果能够在行动上行使因果律,那它就不可能无法无天地运行。相反,它必定被它自身的法则所支配:它必定是自我决定(由此产生了自我行动),而不是被外在的(或外在的)原因决定而做出行动。

因为意志是理性存在者的能力,理性存在者通过意识到行动准则(这是通过行使理性)而激发这种能力,所以自由的意志必定是由纯粹理性激发的:只有那样意志才算通过自己的能力被激发。如果行为准则的动力要依靠相异的(即外在的)原因(如欲望和偏好),那么意志就无法自我激发而产生行为了(也就是通过理性产生行为),因此也就不能自由地行使意志了。所以,支配自由意志的规则必定是由理性精确排除了所有外在原因(即欲望和偏好)的决定而制定的,因为这些欲望和偏好的冲动都独立于理性而产生,因此如果由它们决定意志,那么意志就是由外在原因而不是由自身制定的规则所决定。但是,正如我们已经发现的,唯一的实践性准则抛弃了由欲望和偏好产生的决定,规定了行为人必须只能遵从可以被意愿作为普遍法则的准则而行事:换言之,就是道德法则或绝对律令。所有的其他实践性的准则都是内容性的准则(它们凭借自己的内容而被激发),因此,它们只能通过欲望或偏好来激发意志。简言之,只有当意志被纯粹理性制

第五章 理性可以激发意志吗？

定出的准则所支配时，我们才能认为意志既脱离了任何由欲望和偏好（外在的原因）做出的决定，同时又脱离了行动的自身原因——因此，成了一个自由的意志。这个行为准则就是道德法则。这就是为什么康德总结道："因此自由的意志就是处于道德法则之下的意志。"

我们现在可以在某种意义上理解意志的自律如何成为可能：如果意志是自由的，那么意志的自律就是可能的。如果一个理性存在者出于义务而做出行为，那他必定能自律地行使意志；而这反过来又要求他能自由地行使意志。

但是我们能够自由地行使意志吗？康德最初是在《纯粹理性批判》中给出了回答，但在《奠基》的第三部分仅做了概略的叙述，他的回答就是至少在逻辑上我们有可能拥有这个能力，但前提就是我们需要把现象世界（时空的或者现象的世界）与物自体世界（非时间非空间的世界或本体世界）区分开来。因为如果不加以区分的话，发生在时空世界里的所有事件必定会被当作由时间序列中先前的事件所决定；并且对行为人而言，所有行动都必定被认为是由欲望或偏好引起的（欲望或偏好自身来自愉悦或痛苦的想法）。如此就正如休谟所认为的，我们所有的行动都会是意志他律的结果，并且没有什么事物能体现出意志的自律。但是，如果把行为人拥有的理性和意志视为一种本体世界的存在，那么在进行以下假设时就不会存在冲突了，即行为人的意志可以只靠理性被激发，因此独立于任何欲望或偏好。那么意志的自由和自律在逻辑上就成为可能，从而行为人的行动就有了真正的道德价值。

通过这种方法，康德回答了我们开始提出的两个问题，也就是"只凭理性如何可能激发意志？"通过区分出现象世界和物自体世界，并且通过把理性和意志安置于本体世界，我们就能承认只要我们的意志被绝对律令（纯粹理性）所激发，那么我们的意志就是自由的。并且康德进一步认为，事实上我们每个人应该承认我们真的能够做出自由的行动。因为我们认为自己拥有意志，也就是说，我们能意识到准则（通过行使理性），并且意志以此为基础产生行动。但是意志在行动方面不可能拥有因果律，除非我们预先假设意志是自由的。因为如果意志永远无法由纯粹理性激发，而相反，永远被外在的原因——更具体而言就是欲望和偏好——决定而去行动，那我们就不能认为我们的意志本身能够行使任何因果律。因为在这里理性最多也就是冲动的奴隶罢了，尽可能地去实现自己想要达到的目的。行为本身的因果律不是来自意志而是来自欲望和偏好。然而很明显，我们认为自己的确拥有意志，因为我们在出于义务或者未能出于义务（也是只基于理性）做出行动时，我们愿意褒扬自己或他人。但是，我们致力于意志，我们有行为能力，正好说明我们同样需要致力于意志的自由。

康德表达了这最后一个评论，他说："从实践的观点来看，我们的确是自由的。"（《奠基》，第三部分：4:448）他这么说的意思并不是他已经在理论上证明了我们能自由地行使意志（比如，仅仅通过分析我们的概念意志和理性）。相反，他的意思是我们的实践——我们的道德经验——证明了我们承认纯粹理性在行动方面可以行使因

第五章 理性可以激发意志吗？

果律，因此，我们也就承认了意志的自由；因为，无论我们是否遵从道德法则，都必定承认它对我们的行动有着至高的权威。但是这种承认本身表明了我们必定承认我们可以自由地行使意志，因为道德法则运用到我们身上的条件就是意志的自由。把自由归结于我们自身，这种想法的理由取决于我们的实践——取决于我们对道德法则的至高权威的承认。这是证明我们自由的一个实践性的而非理论性的证据。

所以康德认为，虽然通过理论理性他无法证明我们是自由的，但是从实践的角度上看，我们必须承认我们是自由的。

> 以下这段内容概括了康德道德理论中自由的向心性作用和康德的观点，即虽然我们必须先假设，如果我们要意识到道德法则的权威，我们就无法在理论上证明我们是自由的：我们最终把道德的确定概念回溯到自由的理念上；但是我们却无法证明自由是我们自身和人性里某种现实的事物；我们看到的只是如果要把存在者设想为理性的并且在其行动上设想他有因果意识——也就是说具有意志，那我们必定要预先假设自由是现实的。（《奠基》，第三部分：4:448—449）

尽管该引用中的内容在康德——为了《奠基》——介绍他对现象世界和物自体世界的区分之前就出现了，但这丝毫没有质疑康德的结论：该结论就是尽管我们无法在理论层面上证明我们是自由的，但是我们能够预先假设并且也必须预先假设我们是自由的。因为，正如康德所解释的，尽管我们的理论理性无法提供任何证明，但它至少可以建立以下的结论，即我们在逻辑上可能拥有意志的自由，虽然时空（现象的）世界有彻底的决定论。因此，在理论层面上，不存在任何反对以下结论的观点，即我们的道德意识可以提供给我们实践性的证明，即通过明确承认道德法则的至高权威来证明我们是真正自由的人。

有些作者认为在《奠基》第三部分，康德试图给出我们自由的理论证明，但是在《纯粹理性批判》中康德放弃了这种尝试，取而代之的是给出实践性的证明。我反对这种观点。在我看来，康德在这两本著作中对自由都采用了并且只采用了实践性的证明，也就是先证明我们意识到对道德法则的权威，再证明它的先决条件，即先验自由。这也是我采用的论证线。在我看来，支持以上某些作家的观点的证据十分稀少，而反对他们观点的文本证据却十分有力。事实上，康德在总结他的所有论证时，两次重申了以下观点，即自由只是理性本身可以成为实践的必要先决条件（《奠基》，第三部分：5:459 和 461）。此外，考虑到康德在整个《纯粹理性批判》的辩证法中始终采用以下观点，即理论理性无法证明本体世界中确定的事物，包括先验自由——这个观点在《实践理性批判》中被清晰地反复陈述——所以以下情况是不可能的，即康德在坚持他本体/现象之间区别的同时，还假设理论理性可能证明先验自由。

第五章　理性可以激发意志吗？

第三节　实践哲学的极限

尽管我们可以解释意志的自由如何在逻辑上成为可能，即使时空世界中存在完全决定论，并且我们还能够证明只要我们相信自己拥有意志，那么我们必定能认为自己事实上是自由的，但是我们还没解释道德法则如何能在事实中对我们提出高于一切的要求。通过将我们的理性和道德法则联系起来，我们认为无论我们的欲望和偏好想要做什么，我们都应该只遵从可以作为普遍法则的准则而行动。那么仅仅运用理性是如何给我们高于一切的动力性权威来让我们遵守道德法则呢？

我们要弄清楚：我们的确把道德法则当作我们行动的至高理性，康德对此毫不怀疑。他认为，一个没有道德原则的人在提问"为什么我应该变得有道德"时，他并不是需要一些令人信服的理由来承认道德要求，即使这些理由与他（自利的）欲望和偏好的目标相冲突或者即将冲突。康德把以下当作论据事实，即无论出于义务的行为会怎样损害我们自己的利益，我们都承认遵守道德法则的必然性，承认为了义务而行动的必然性。他关注的问题就是这些事实如何成为可能。当然，在这一阶段，康德已经鉴定出了各种条件，这些条件使得我们意识到道德法则的至高权威。作为现象世界和本体世界的成员，我们受两种动机的支配。一方面，作为现象世界的成员（感官存在者），我们被欲望和偏好产生的动机支配；如果这些动机在我们

175

身上产生了唯一的动机性影响的话,那我们做出的所有行为都是为了使我们自己的幸福成为准则。另一方面,作为本体世界的成员(完全的理性存在者),我们只被由理性产生的动机支配;如果这是我们身上唯一的动机性影响的话,那我们做出的所有行为都是为了我们的准则受道德法则的支配。

此外,尽管作为感官存在者,我们本质上永远都会有欲望或偏好,但是作为本体世界的一员(有意志的理性存在者),毫无疑问,我们承认,由这些感官冲动产生的动机必定在任何情况下都必须给由道德法则产生的动机让步。换言之,作为本体世界的一员,我们虽然受感官冲动的支配,但是我们的确承认道德法则是置于我们之上高于一切的责任:这就是为什么对我们而言道德法则是绝对律令,并且我们把道德法则提供的原则当作义务。对一个不受任何欲望或偏好支配的意志(如上帝的意志)而言,道德法则就永远不是绝对律令。这种意志,即"一个神圣的意志"总是只遵从道德法则而行动。但是我们的意志在其他事物的影响之前被感官冲动产生的决定影响着;因此如果纯粹理性可能具有实践性,那它需要能够限制——并且如果在情境中要获得具有道德价值的行为的话,战胜这些感官冲动。这种在对抗我们的感官冲动时理性的行为,就是我们以下认知的来源,即无论我们的欲望和偏好强烈要求我们做什么,道德法则在我们身上寄予了责任。在我们把自己完全当作本体世界的成员时,我们毫不犹豫地认为支配我们行为的法则就是道德法则;但是,因为我们也受欲望和偏好的支配,所以我们意识到这种法则约束了我们,并

第五章　理性可以激发意志吗？

且作为本体世界（和现象世界）的成员，我们应该遵守道德法则而不是被我们的欲望和偏好所诱导。

但是，尽管我们在这种情况下可以解释为什么作为现象世界和本体世界的成员，我们用道德法则约束着我们的行为，但是我们还未解释纯粹理性如何在确定我们的准则是否成为普遍法则时能够影响意志，从而对抗我们的欲望和偏好。当理性对抗着我们的感官本性时，我们意识到对道德法则的敬重感，并且承认为了道德法则而行动的至高必要性（事实上，这种敬重感就是我们对道德法则的至高权威的承认）。但是这并没有解释纯粹理性如何通过对道德法则的反思来对抗我们的感官本性：康德认为这点是毫无疑问的，即我们意识到了这种敬重感，而这种敬重感来自行使理性来对抗我们的欲望和偏好。然而，这个问题依然存在，即仅仅行使理性如何可能对抗我们的感官本性并且产生责任意识？并且无论它们取得的目标有多么有用或者直接地感受到愉悦，我们都承认这个责任意识高于其他一切的动机。

康德认为我们无法回答这个问题。理由就是在充分解释我们的责任意识这方面，我们唯一能理解的一种解释必定指的是我们欲望的直接或间接对象。但是这种解释将完全摧毁为了责任而做出行动的纯洁性——正如我们所知道的，这种行动不可能有其他更深一步的目的，甚至不可能把获得立即的愉悦感当作动机（要注意敬重感并不是直接的感觉。相反，它来自纯粹理性在限制我们欲望和偏好时产生的力量）。因此，为了责任而行动，其本质就排除我们解释只靠理性——纯粹理性——如何激发我们的被感官影响的意志。理性的最终事实就是,当我们的准则服从于道德法则时,我们的确承认为了义务而做出行动的必要性,因此,只靠理性能够激发我们的意志(参见《实践理性批判》: 5:31)。要试图解释理性的动机性能力就需要我们参考必定能是绝对律令的无条件的本质失效的事物,把它转换为假言律令:意志需要的自律就会被变为意志的他律,因此任何行为都不拥有道德价值。当然,采用这种转化的话,我们并没有解释纯粹理性是如何对抗我们的感官冲动的;因为一旦绝对律令变成了假言律令,理性就不能激励意志,而仅仅只是决定获得所欲望的目标的最佳方式。

关于我们承认道德法则是行为的最高原则,我们已经得出了我们能够解释的极限,或者说是应该解释的内容。因为尽管我们列出为了义务而做出行动的先决条件,并且解释如何能够满足这些条件(通过带入现象世界和本体世界的独立合理的差别之中),但是我们无法解释只靠行使理性如何能够对抗我们的感官本质并且从而以敬重感的形式逐步影响我们,使我们承认遵守道德法则的至高责任:

> 但是纯粹理性如何能够无须来自其他来源的深层动机;也就是说,如何能够无须意志的其他对象,这些对象我们事先就对它有兴趣,单凭自身,也就是所有能当作法则的准则的普遍原则,就能提供动机并且能造成一种称为纯粹道德的兴趣。所有人类的理性都无法解释这点,并且试图对此做出解释的一切努力和工作都是白费力气。(《奠基》,第三部分: 4:461)

第五章 理性可以激发意志吗?

但是,以下依然是事实,即纯粹理性的确证明了无论感官冲动强烈要求我们做什么,我们都应该遵守自己的义务——至少康德一直这样宣称。绝对律令对我们每个人做出了高于一切的要求,这是一个先天综合命题。它并不是从意志的概念中推出行为人只应该遵从这些准则行动,这些准则可以被愿意当作普遍法则。所以这个命题是综合的而不是分析的。但是我们的确承认了它的至高必然性。因此这个命题必定是先天的(因为带有必然性的判断都不是从经验中推出的)。但是,和数学以及纯粹自然科学里的先天综合命题(在本书第一部分)不同,我们建立这个先天综合命题没有基础。通过纯粹实践理性我们知道,我们都统一以下先决条件,即我们应该总是把道德法则认为是我们行为的至高原则,这是基本事实。

休谟对从"存在判断"中推导出"应该判断"的可能性提出了著名的质疑,他认为除非可以解释这如何成为可能,否则道德理性主义的所有体系都应该被驳斥。对于这种试图破坏道德理性主义的言论,康德回应说我们不可能详细解释只靠理性如何产生我们对道德应该判断的认同,但他不承认这颠覆了他自己心中的道德理性主义。事实上,这种解释不存在,我们可以理解其中的原因,也可以证明纯理性的实践性。因此,为了鼓动意志而单独排斥理性的做法就是太过草率了。如果进一步承认我们的实践清楚地证明了我们的确拥有靠意志行动的能力——所以纯粹理性真的是实践性的——我们就能无可非议地认为休谟驳斥或者颠覆道德理性主义任何观点的例子都是徒劳的。

如果理性的事实就是仅仅明白某人自己的准则是否愿意成为普

遍法则的确会让我们产生对义务的至高责任的认可——康德已经证明这的确如此——那么试图反驳纯粹理性是实践性的，反驳理由就是我们不知道在理论层面上如何证明或解释这种能力，这种反驳是没有意义的。"因为如果纯粹理性事实上是实践性的，那它通过其所作所为就证明了它的现实性以及现实性的种种概念，并且所有的反驳理性具有实践性的理由都是徒劳的。"（《实践理性批判》，前言：5:3）

第四节　康德道德理性主义的意义

康德认为道德理性主义和道德经验主义之间观点的差别对我们的道德实践有着重要深远的意义，在本章结束之前，如果我们能够理解这一点，那我们就可以更深入地了解康德的道德体系。康德对两个派别之间的差异解释得十分清晰，但是，如果一个人始终遵纪守法，那么他无论是接受道德经验主义的复杂观点——比如休谟的观点——还是接受康德道德理性主义的观点，似乎都是一件无关紧要的事情。毕竟，康德所推崇的道德正义和休谟所推崇的道德正义之间并不存在一个巨大的鸿沟。比如，他们都认为我们应该救济那些苦难中的人，而不是冷漠地躲之不及。简言之，这两派大多数道德责任的目标还是相似的。

那么，为什么康德如此反对道德经验主义呢？我认为有两个主要原因：

1. 第一个原因是康德对出于义务而行动和出于欲望与偏好而行

第五章 理性可以激发意志吗？

动这两者之间的对比。道德经验主义者认为，行动只源于欲望或偏好。现在，正如我们所知道的，康德认为所有的欲望和偏好都是基于自爱或某人自己的幸福；也就是说，为了行为可以给行为人带来相应的愉悦（或避免痛苦）或者行为人认为这会带来愉悦（或避免痛苦）。如果我们认同他的观点，那么由此可以推出，在经验主义者看来，所有的行为——哪怕是完全符合道德的行为——事实上，也是由自爱激发，所以没有行为是出于义务而做出的，因为康德已经分析了我们的义务概念。

所以，康德坚持认为道德经验主义者未能像道德理性主义者那样——清楚区分出于义务而行动和出于自爱而行动这两者之间的区别，如果道德经验主义者的观点成了主流，就会破坏道德的纯洁性。而这在义务和自利两者的要求出现冲突时，会产生偏向"亲爱的自己"的各种具体请求。如果大家普遍认为义务只不过是受到拘束的自爱，那么康德认为义务和自爱两者之间的界限就会越来越模糊——最终会偏向自爱。如果这样看待的话，无论道德经验主义的支持者怎样（带着最大的诚心）推崇和康德的观点类似或者一样的责任，那么以自爱为基础的道德责任，它产生的纯粹影响一旦被广泛传播，就会极大地损害我们的道德意识。我们通过敬重感（它摧毁了我的自爱）意识到的道德的这种真正的尊严感，就算不被摧毁，也必定会被弱化：

> 人在自身心中对所有的义务要求感到一种强大的抵制力⋯⋯这种抵制力来自他所有的需求和偏好的抵制力，对这些需求和偏

好的全部满足统统归摄在幸福的名下。但是,理性不会对偏好承诺出任何事物,它毫不留情地下达它的命令,因此可以说,它漠视并忽略了这些强烈的和似乎很合理的要求(它们拒绝被任何指令所压制)。在这里就产生了……对这些严格的责任法则的诡辩倾向,对法则的有效性或至少对它们的纯粹性和严格性产生怀疑,在可能的情况下,使得法则尽量地顺应我们的愿望和偏好;也就是说,会颠覆了法则的基础并且完全破坏它们的尊严——其最终结果连普通的人类理性都无法同意。(《奠基》,第一部分:4:405)

更不用说,康德的宣称,即所有的欲望和偏好都仅仅是由自爱所激起,受到了强力挑战。很多哲学家认为我们既拥有真正的无私心的欲望也拥有纯粹自利或利己主义的欲望,特别是道德经验派,他们都认同约瑟夫·巴特勒(Joseph Butler)在他的《十五次布道》中的观点。休谟也是如此认为的。在巴特勒观点的带领下,休谟指出尽管仁爱的行为的确经常会使行为人产生愉悦感,但这些(利己主义的)情感可能会成为进一步的善行的第二动机,所以,宣称我们所有的欲望和偏好都是由自爱所激发的,这种观点是不合情理的。除非我们立即想要达成或者厌恶某些目标,也就是先于自爱的任何思考,否则我们就不会有欲望;因为为了感知到达成某事的愉悦,我们需要一开始就特别偏好某些目标。此外,考虑到人们的普遍行为,事实上,认为仁爱是这些偏好之一也是合理的,因为对我们的同胞做出仁爱的行为时,

第五章 理性可以激发意志吗？

我们的确经常会获得立即的愉悦感。换言之，认为仁爱是一种真正无私心的热情或者偏好，都是合理的，但它不是以自爱为基础的，虽然某些仁爱的行为的确把自爱作为其第二动机：

> 如果在自爱之前不存在任何偏好，那么这种偏好就几乎无法产生任何影响；因为在这种情况下我们几乎不能感知到或者感知到极少的痛苦和愉悦……现在设想仁爱和友谊也是处在这样一种情形中，设想根据我们性情的原始结构，我们可以感受自己的内心对他人的幸福或利益，通过这种感情而变成我们自己的利益，而后，我们出于仁爱和自我享受的双重动机对此加以追求，这有何困难呢？（《道德原则研究》，附录2："论自爱"）

说实话，如果这个观点是正确的话，康德反对道德经验主义的主要依据就会陷入质疑之中。有时人们会认为康德认为义务与欲望相对立的最深层次的原因并不是后者是以自爱为基础的（康德的确如此承认），而是因为义务的法则适用于所有可能的有限理性存在者时，那么就不存在任何特定的欲望或偏好可以为所有的这种理性存在者共用。因此，即使康德错误地认为欲望和偏好永远都来自自爱，他的基本观点是不变的，即道德义务无法以欲望和偏好为基础。因为如果道德的基本要求可以通过意志适用于所有可能的有限理性存在者，那么由此可以推出，既然他们之间不共享任何特定的欲望和偏爱（包括无私心的欲望和偏爱），那么道德就无法以任何欲望或偏爱为基础。

尽管以下断言很明显是正确的,即康德认为道德义务适用于所有可能的(有限的)理性存在者,而不仅仅是人类,但是在义务和自爱的对立之中,还不清楚康德是否忽略了这点。当然,如果你和康德一样,认为所有的欲望和偏爱都是出于自爱,同时,你也认为我们把义务和自爱对立开来(正如大部分道德经验主义者所认同的),那么结论就是道德无法以任何欲望或偏好为基础,道德必定只以理性为基础。当欲望或偏好因为来源于自爱而被降格,那么这些数量有限的、具有理智的人们所共同拥有的就唯有理性了。但是要证明任何可行的道德系统都必定要以纯粹理性为基础,而不是任何欲望或偏好,这种论证恰好需要以下观点,即自爱是我们所有欲望和偏好的基础。有宣称说,康德否定欲望和偏好作为我们义务和道德责任的概念基础,其主要原因是所有可能的有限理性存在者之间没有共同的感官冲动,这种宣称并没有提供任何证据。

但是,即使这种宣称是正确的,即康德反驳以欲望和偏好为基础的道德体系是因为不存在适用于所有可能的有限的行为人的体系,也不可能动摇道德经验主义者的立场。因为他们很可能会回应,如果存在一些无私心的欲望,并且事实上所有人类(在某种程度上)都有这些欲望,那么基于欲望和偏好的道德体系就无法必然地适用于所有其他的有限行为人,但这一结果几乎或者完全不会产生影响。我们的道德责任是面向全人类的,我们不应该担心它们是否会被合理地适用于其他所有的有限的理性存在者,除非我们拥有一个把道德责任和自爱相对立的运作系统。

第五章 理性可以激发意志吗？

关于这两方的观点可以论述的还有更多，但是我们的讨论就到此为止了。

2.康德反驳道德经验主义的第二个主要理由就是他相信道德经验主义完全破坏了道德存在的基本条件。这个条件就是意志的自由。

即使承认了无私的欲望和偏好的存在，如同源于自爱的欲望和偏好，那么反驳道德经验主义的第二个理由依然需要回应。这是康德对道德经验主义最深入也是最广泛的反驳。我们在《纯粹理性批判》中关于先验自由的讨论中得知，康德认为他已经确凿地证明了欲望和偏好永远都是由时空事件序列中更早的原因所决定的（这些事件反过来又依然被之前更早的原因所决定，如此反复）。因此，如果唯一可能的动机性原因就是欲望和偏好的话——正如道德经验主义者所坚持认为的——那么，由此可以推出，行为人将永远无法自由地行使意志，因为康德认为这种自由依靠行为人的能力，即能基于纯粹理性按照意愿行动。此外，我们可以看到康德认为理性的行使独立于因果决定的时间领域——在本体世界中——因此，所有的欲望和偏好（无论是无私心的还是自利的），康德认为它们都不受自然因果律的支配。因此，在康德的道德理性主义看来，行为人有可能自由地行使意志并且做出有道德价值的行为。但是，在康德看来，如果根据道德经验主义的观点，我们完全无法做出任何具有道德价值的行为。在道德经验主义的观点之下，我们每个人都只是广大的时空世界里无足轻重的一枚螺丝钉（或是一套螺丝钉）；既不可能自由地行动，也不可能拥有道德价值。人类仅仅沦为了（有意识的）机器，没有任何本质价值：我们不再是"目

185

标明确"的人类,我们几乎成了失去真正尊严,但又具有意识的机器人。至少,康德认为这就是我们接受道德经验主义所产生的后果;他认为这种观点,尤其从道德的角度上来看,完全有损我们的尊严。

在这里我们再次见证了康德"哥白尼式革命"的重要性。如果没有对现象世界和物自体世界的区分,那么康德就无法认为道德可以持续发展或者认为我们能够指引自己达成目的。但是,恰当地使用这个革命后,就可以从实践的角度上证明意志的自由,并且人类的尊严——由于道德行为人独立于自然决定论——就可以得到合理确认。先验自由是"纯粹理性系统的整个结构中的拱顶石"(《实践理性批判》,前言:5:3—4)。在下一章中,我们会进一步讨论康德的自由概念以及为什么他支持我们有权利相信上帝和灵魂永恒。为什么康德认为他自己的道德理论和道德经验主义者的理论之间存在的差别具有很大的理论意义,我希望你们对此已经得到了更多的理解。

至善，为至善而存在的上帝，灵魂的永恒及意志的自由

第六章

有人可能猜测只要康德宣称证明了道德的至高原则（道德法则或绝对律令）——该原则本身为我们的自由提供了实践性证明，那么康德的探究就会止于道德奠基这部分。这个问题我们在先前两章之中就涉及了。事实上，他的确在《奠基》中结束了他的讨论，但为了对这些观点进行更加仔细的检验，他在《实践理性批判》的纯粹实践理性分析中才真正结束了这章讨论。但是在该书后面的内容中，更具体而言，就是紧随其后的纯粹实践理性辩证论中，康德认为绝对律令对我们施加的要求导致了棘手的矛盾，除非我们对道德形而上学的奠基进行更深的挖掘。

关于形而上学奠基的问题，我推荐在《判断力批判》的终章附录中一则标题为"目的判断力的方法论"的内容作为补充阅读，尤其是86—91节（5:442—484）。这些内容——包括"目的论的总注释"——对纯粹实践理性辩证论中讨论的问题有着极大的启发作用，但是令人遗憾的是，在本书中对此几乎没有进行研究。

第六章 至善，为至善而存在的上帝，灵魂的永恒及意志的自由

第一节 纯粹实践理性的二律背反

在《纯粹理性批判》中，康德已经证明了关于三种"对象"存在的问题——即上帝、自由和永恒——这些问题形成了思辨的形而上学的核心内容，但是他已经进一步证明了理论理性不可能证明或者驳斥以上三者中任何一者的存在。在之前的章节中我们知道，就意志的自由而言，我们承认道德法则的有效性——也就是道德法则对我们的行动有着至高权威——这就说明了我们必定承认我们的确是自由的，也就是说，尽管存在了自然决定论，但意志的自由不仅在逻辑上是可能的，而且在实际中为我们所拥有。此外，我们不是通过理论理性，而是通过实践理性来证明自由，尤其是在《实践理性批判》中，通过康德称为"理性的事实"来证明自由，即当我们为自己的行动起草了一条准则时，我们就会立即承认道德法则的有效性。因为，实践理性给了我们一个确定的事实，即如果我们承认道德法则对我们的意志有着至高的权威，那么这就等于我们知道自己拥有意志的自由。正如康德所解释的：

但是在思辨理性的所有理念中，自由是我们先天就知道却又仍然不能理解的唯一的理念，因为它是我们知道的道德法则的条件。实践理性本身并没有和思辨理性联合起来，就独自给因果

性范畴的超感性对象提供了实在性,也就是给自由提供了实在性(虽然作为一个实践的概念只能用于实践),因此通过一个事实证明了在思辨理性那里只有思维。(《实践理性批判》,5:4—6)

那么思辨形而上学的另外两个重要理念,上帝和灵魂永恒该怎么办呢?乍一看,实践理性似乎不可能给出任何合理的理由让我们相信它们的存在。因为康德坚持认为只有纯粹的形式原则,也就是道德法则或绝对律令才能提供动机,产生具有道德价值的行为。那么,任何关于(可能存在的)上帝的威严和力量(可能存在的),或关于来世的想法都无法成为某人做出符合道德义务的行为的理由。但是,在"纯粹实践理性辩证论"中,康德的确认为我们将道德法则或绝对律令当作所有行为至高准则的必然条件还有上帝存在和灵魂永恒。

是怎样得出这个结论的呢?我们已经展示了绝对律令是行为的至高法则,并且它要求我们只要情况需要,我们就必须出于义务而做出行动,我们在思考道德生活时,发现了一个明显的冲突(或二律背反):尽管置于我们身上的第一和至高条件要求我们成为极其高尚的人——也就是培养出一种道德性情,无论在什么样的情况下都能出于义务做出行动——但是,我们是有限的理性存在者,需要获得幸福来得到满足。因此,尽管支配着我们的第一条件是培养出道德性情(也是我们获得所渴求的幸福的必要条件),但这并不是康德所说的我们的至善(the summum bonum)。我们的至善是完美的德性和其所相称的幸福的统一体,这是一种必然联结体。通过让我们自己配得上幸

第六章 至善,为至善而存在的上帝,灵魂的永恒及意志的自由

福——通过培养道德性情(道德法则要求我们培养道德性情),理性要求我们,幸福是一个结果,我们有限的理性存在者能享受到我们所需要的幸福:

>因为需要幸福,也配得上幸福(通过使我们自己变得完全有道德),但是我们却无法享受幸福,这不可能符合全能的理性存在者(即使只是为了实验而设想了这位存在者)的完美意志。(《实践理性批判》,5:110)

简言之,如果有限的理性存在者要获得至善,需要满足两个条件:这些理性存在者必须极其有德,并且因此获得与他们美德相称的幸福。他们既是感官存在者又是理性的存在者,这就需要他们必须获得与其美德相称的幸福:康德认为这是任何一个完美理性的存在者会得出的结论,但是,如果至善,即无上的善和其所相称的幸福的统一体,甚至无法大致实现,那么由此推出,它和我们的思想有冲突。作为有限理性的存在者,我们承认我们有责任(通过道德法则)培养道德性情使我们自己值得拥有幸福。但是,如果可以证明培养道德性情无法必然使我们获得至善,那么由此可见,道德法则需要一个结果(即无上的善和其所相称的幸福的统一体),但是道德法则无法始终要求这个结果——因为这个结果遥不可及。既然这个不可能的要求来自道德法则,那么这条基本的道德法则本身必定要被驳斥。

但是为什么我们不可能获得至善呢?因为(正如我们在前面两章

中看到的）对义务的追求和对自身幸福的追求是两种不同的活动，所以在定义上，我们不能得出结论认为如果每个人都极其有德，那么就一定会产生与之相称的幸福，也就是说这并不是一个分析真理，即至善的第一先决条件（即获得道德性情）会必然造成第二先决条件（相称的幸福），反之亦然。但是，在这样的情况下，如何产生道德和幸福的必然综合体，从而达成至善呢？

我们最多只能有两种假设：一是对幸福的渴求必定会产生道德性情；二是道德性情必定产生幸福。第一种假设可以被立即否决掉：为追求幸福从而做出的行为不具备道德价值，哪怕这些行为极其符合道德法则的要求。有道德价值的行为要求该行为是为了道德法则而做出，而不是为了获得幸福。但是问题是第二种假设，即培养道德性情必定会产生相称的幸福，似乎同样让人难以接受。看上去好像碰巧这两种假设性质都差不多：因为有限的存在者需求幸福，而对这一需求的满足取决于自然世界的偶然性（并且有限的存在者永远无法完全掌控这种偶然性）。因此，我们没有理由认为无上的善和其所相称的幸福是必然联结在一起的。因此，从表面来看，我们无法解决道德的二律背反：似乎根本不可能将道德与幸福联结起来。那么，道德法则本身——因为产生了这个矛盾——必定会被认为是自相矛盾的原则。

康德认为唯有一种方法来解决这个二律背反，那就是再次借助于现象世界和本体世界的区分。在康德的道德哲学中，他已经借助了该区分来证明（宣称）我们的确能够自由地行使意志。如果我们现在假设，在本体世界中，存在着自然世界（现象世界）的智能的道德作

第六章 至善，为至善而存在的上帝，灵魂的永恒及意志的自由

者，那么我们就可以假设，为了我们每个人都可以从某种程度上获得至善，自然世界以及其法则都是被有意地创造出来。我们需要认为自然世界的原因是基于知性（或理智）和意志（或意图）而运行，因为只有通过这种方式我们才能认为造物主能够评估我们是否值得获得幸福，并且创造出必会达成至善的自然世界的秩序。

> 因此，自然世界的至高原因，只要它是为了至善而被预先决定，那么它就是通过知性和意志产生的存在。(《实践理性批判》，5:125）

此外，既然获得至善需要我们变得极其有德——也就是我们需要一个性情（道德性情），在一切可能的情况中都能够命令我们做出道德的行为——那我们必定还要将灵魂永恒作为先决条件。因为存在者都受到感官冲动的诱惑，而要获得道德性情就需要我们不断努力进步，做到永远不会被感官冲动所诱惑，永远为了道德法则的义务而做出行动。

> 但是这种无穷的进步，其先决条件只能是同一理性存在者和他的性格可以无穷地存在（也就是灵魂永恒）。(《实践理性批判》，5:122）

上帝的存在和灵魂的永恒（或永存）这两者就是先决条件，这两

者中的任意一个就能解决我们道德上的二律背反问题。康德将它们称为"纯粹实践理性的两个先决条件"。纯粹实践理性的先决条件指的就是可能对象的存在——包括状态或能力——尽管无法通过实践理性来证明可能对象的存在,但是可能对象总是和道德法则紧密联系,因为我们承认了道德法则的绝对效力,所以它必定是我们的先决条件。

我们已经展示了道德法则要适用于我们的话,其必要条件就是我们的意志能够自由地做出行为,尽管还不能通过理论理性来证明或者驳斥意志的自由。因此,事实上纯粹实践理性有三个先决条件,它们分别是上帝、自由和永恒。但存在了一个差别:虽然意志的自由是我们服从道德法则的一个条件,但是为了我们能够实现道德法则的目标,即至善,还需要其他条件,就是上帝的存在和灵魂的永恒。遵从道德法则依然是我们在每个情景中做出行为的决定根据:

> 从道德的角度上来看,我们必定不能将追求未来的幸福当作动机来坚定服从义务的命令。当我们出于义务而做出行动时,我们就在使自己配得上幸福;但是如果我们为了在未来获得相称的幸福而行动,我们就是在他律地行动,并且在这种情况下,我们的行为就不具备道德价值。简言之,尽管道德原则的目标,也就是我们道德上的最终目的是将无上的善(道德性情)和与之相称的幸福相统一,换言之,我们的目标就是达成至善,但是只要我们所有的行为具有道德价值,那么我们的行为根据都必须符合道德法则。

第六章 至善,为至善而存在的上帝,灵魂的永恒及意志的自由

道德法则的目标和行为根据之间的关系产生了一些有趣的问题,就是在康德的道德体系里,一位无神论者是否能够过上完全有道德价值的生活?康德始终认为无神论者也会遵守道德法则(因为,正如我们刚刚提到的,道德法则适用于我们中的任何人,并不需要灵魂永恒或者上帝的存在),但还剩下一个问题就是无神论者是否会坚定不移地在生活中追求道德?《判断力批判》举了斯宾诺莎(Spinoza)这样一个例子,斯宾诺莎努力地追求道德正义,但是同时他又否认上帝的存在和灵魂的永恒。在康德看来,这种无神论者,如果足够理性的话,必定会发现自己的心理并未得到满足。毕竟,一个人追求道德法则就会假设灵魂永恒和上帝存在,这是为了完全服从道德法则的要求(即获得道德性情),并且获得与无上的善相称的幸福。所以,一位道德坚定的无神论者必定会发现自己身处一个不幸境况中,他不断努力地出于义务而做出行为,然而,他却认为道德法则的目标,至善是不可能的(不仅对他而言不可能,对所有有限理性的存在者都不可能)。康德宣称,无神论者无法既接受道德法则的要求但同时又拒绝承认道德法则的必然结果,即至善。如果没有灵魂永恒和上帝存在,那么我们就不可能把至善当作必然的结果;我们也就不可能坚定不移地执行或者全身心地接纳道德法则。

因此,如果无神论者完全遵守道德法则的要求时,那他必定会假设世界上道德造物者的存在,也就是上帝。因为这个假设至少本质上没有包含任何自相矛盾的事物,所以他可能非常愿意做

出这样的假设……至少为道德给他规定的最终目标能构建出一个概念。(《判断力批判》：87节：5:450—453）

道德性情和相称的幸福可能会同时发生，但无神论者不会因此得到满足，因为——他所接受的——道德法则使得道德性情和相称的幸福必然协调；但他不能通过假设世界存在道德的造物主来构想这种联系。

第二节 道德的要求已经将我们的知识延伸出了感性世界吗？

纯粹实践理性的三个假设是"道德必然的"，我们认为它们给使得上帝、自由和永恒的理念具有"客观实在性"。

但是，考虑到《纯粹理性批判》已经宣称我们完全不可能通过纯粹（理论）理性断定任何先验形而上学的理念——尤其是上帝、自由和永恒——那么康德如何能坚持认为这些理念的确都存在相对应的真正对象呢？他似乎又重新回到了之前《纯粹理性批判》中的主要结论，也就是如果没有感性直观，我们就不能获得任何确定的理论知识——因此，也就不能获得本体世界中可能存在的事物的知识。

康德没有对这个问题做出直接回答，在结尾，康德的回答要求我们区分出我们观念中意志的自由与观念中上帝的存在和灵魂的永恒。

第六章 至善,为至善而存在的上帝,灵魂的永恒及意志的自由

但是,一开始,在关于我们确认它们的客观实在性时,先验辩证论将这三个理念放置在了同一个基础上。在解释康德为什么到最后才把这三个概念分成两组之前,我先简单解释一下康德这么做的原因。

考虑到这三个理念必然与我们对道德法则(作为一个自相一致的原则)的认同相关,所以我们有权利确认它们的客观实在性,因为在这样做的过程中,我们并不是从理论上宣称这些对象有哪些特征,这实际上需要感性直观。无可否认,我们寻求实现至善的过程中,纯粹实践理性已经扩展了我们的理论知识,使之超越了理论理性的所及范围。但是,这种知识只与现实存在有关,只与上帝、自由和永恒有关。这种知识增加了我们了解对象的理论知识,因为仅凭对象的特点是无法认知任何对象的。尽管我们可能为了道德目的而确定这些对象,描绘这些对象的品质,但是我们不知道这些品质如何运用到超出道德范围之外的地方。比如,康德笃信为了道德目的,我们可能更具体地确定上帝的品质:我们(至少)认为上帝是无所不知、无所不能、无所不在并且是永恒的(《实践理性批判》,5:140)。因为上帝能准确地洞察所有理性的存在者现在的和无尽的未来中的道德品质,并且为每个人的美德精确地安排与之相称的幸福,所以我们认为上帝需要这些品质。但是康德也坚持认为,为了达到实践的目的,无论我们可能拥有哪些可以确定这些对象的品质的能力,这些能力都不能使我们获得任何关于这些对象的理论知识,或者使用这些能力拓展我们对感性世界的理论知识。

因此，通过以下实践法则，即要求至善在世界上可能实存，那么就能假设纯粹思辨理性的这些对象可能实存，但是无法确保这些对象的客观实在性；关于纯粹理性的理论认知就必然得到了增加，但是只在这点上是一致的：这些概念（上帝、自由和灵魂永恒）原本是有问题的（只可能在想象中存在），现在被肯定地宣称是具有现实对象的概念，因为实践理性为了其对象的目标，即至善，不可避免地要求它们实存，至善绝对是实践性的，因此理论理性就可以合理地假设它们。但是这种理论理性的延伸并不是思辨的延伸，也就是说为了理论目的现在并不可能利用它。（《实践理性批判》, 5:134）

* * *

我之前说过康德在最后并没有把意志的自由等同于另外两个纯粹实践理性的理念。尽管他不断主张我们的确知道我们是自由的，但结果却显示他认为即使我们确定了上帝和灵魂永恒的客观实在性，这也不能算作我们知道它们的确存在。然而，如果我们假设这种差异是因为以下差别的话那就错了：意志的自由是道德法则适用于所有人的先决条件，而上帝的存在和灵魂的永恒只是我们道德法则指引我们实现道德目标，即至善的先决条件。这种差别本身不足以否认后者（上帝和灵魂永恒）而肯定前者（意志自由）。

因为正如康德目前已经展现出的这三个理念，它们都需要道德法

第六章 至善,为至善而存在的上帝,灵魂的永恒及意志的自由

则来成为真正自相一致的原则:如果不以这三条理念为先决条件,那么道德法则和其必然的结果就无法连贯起来。因此,考虑到我们承认了道德法则的至高权威,为什么康德坚持认为虽然我们认知到了自由意志,但是我们却没有权利认为上帝和灵魂永恒的客观实在性就等同于它们的确存在呢?

因为,虽然康德已经说过,为了实现至善需要假设上帝存在和灵魂永恒,但是这只是一种主观需求。也就是说,尽管我们不清楚道德法则的目标——至善——如何在没有上帝存在和灵魂永恒的前提下达成,但是我们也无法证明没有上帝和灵魂永恒的存在就无法达成该目标。我们最有权利断言的是如果没有上帝的存在和灵魂的永恒,那我们就不可能理解美德和幸福之间必然的联系如何存在。考虑到我们知性的能力,我们无法理解道德性情和相称的幸福如何才能获得统一,除非时空世界中存在一个明智的道德的造物主,它是世界存在的原因,它通过知性和意志产生道德法则与(其他)自然法则之间和谐必然的联系。但是我们不能理解并不是表示这种统一无法通过一个不包括知性和意志的原因来行动,因此也就不需要假设明智的世界造物主(上帝)。

因为在康德看来,只能通过假设上帝存在和灵魂永恒,我们才能理解美德和幸福之间必然的统一如何成为可能,我们主观必然地假设它们的存在。毕竟,我们承认了道德法则的效力,这就要求我们认为道德法则的目标——至善,是可获得的(否则我们会陷入自相矛盾的境地)。那么既然我们只能通过假设上帝的存在和灵魂的永恒才能认为

至善是可获得的，那么我们在道德上就必然要以它们为前提条件。康德的观点就是，我们在道德的基础上假设它们的存在是合理的（因为这些理念在理论上都是可能的），但是这种合理的假设并不等于它们客观存在。他把上帝的存在以及灵魂的永恒称为"纯粹实践的理性信仰"。这就是他在其他地方所指的，有点误导性的"信仰"。因此，他在《纯粹理性批判》的第二个前言中说："因此为了给信仰留出空间，我认为很有必要否认知识。"（B30）他并不是说我们对上帝存在和灵魂永恒的信仰都是无稽之谈。相反，他认为，上帝和灵魂永恒这两个理念的客观实在性在道德的基础上是完全合理的。否则我们就不能宣称必须要预先假设上帝存在和灵魂永恒，因为无法证明我们不需要这些预先假设也能获得至善。

那么纯粹实践理性的第三个理念，即意志的自由是什么？为什么康德坚持认为我们可以知道这个理念具有客观现实性？答案就是既然我们每个人都对道德法则的至高权威有着立即的道德感知（敬重感），并且既然这种感知只能通过以下先决条件才能成为可能，即我们可以自由地行使意志，那么我们可以知道自由的理念必然具有客观实在性。该理念是纯粹实践理性三大理念中唯一一个我们可以认为是必然真正存在的理念。这就是康德将它称为整个思辨理性"拱顶石"的原因。单靠该理念就给我们一些关于本体世界的确定知识（尽管只是为了实践的目的），并且通过该理念我们能够拥有对上帝和灵魂永恒的纯粹实践的理性信仰。

但是要注意的是，并不是理论理性而是实践理性证明了我们的自

第六章 至善，为至善而存在的上帝，灵魂的永恒及意志的自由

由。因此，一开始在《纯粹理性批判》中做出的宣称依然是有效的，即纯粹（理论）理性无法证明任何本体世界的事物；实践理性才能增加我们的先验知识。但是，在《实践理性批判》之后，康德不再认为自由的客观实在性——就像上帝和灵魂永恒一样——也不过是一种信仰（或是纯粹实践的理性信仰）。在思辨性形而上学的三大中心理念中，唯有意志的自由具有客观实在性（和明确的法则）。我们并非通过理论理性来认识它的客观实践性，而是通过道德经验（我们承认道德法则的至高权威性），因此是具有纯粹实践性依据的。

第三节 意志的自由：纯粹理性体系的安全"拱顶石"

任何运用在我们身上的道德法则其前提都是意志的自由。因为尽管康德坚持认为我们关于自由的知识是基于我们对道德法则至高权威的先天承认，但是——正如他公开承认的那样——道德法则要适用于我们必然需要我们意志的自由。

考虑到在总体上自由对康德的道德理论以及思辨性形而上学系统十分重要，我们需要进一步研究康德对先验自由的辩护。因为正如康德所认为的，道德法则要适用于我们的话，就必然需要先验自由：一个行为人只有能够产生决定并根据这个决定而行动，这样他才能拥有道德所需要的自由，也就是说，该决定没有被时间序列里更早的事件所决定，而是由行为人自己产生。在《纯粹理性批判》的辩证部分

和《实践理性批判》的辩证部分,康德只有证明了现象/本体的区别,我们才能在逻辑上可能拥有先验自由,即使时空世界存在彻底的决定论。我在第一部分(第三章)解释了他对于这个结论的证明,并且毫不怀疑该证明的成功性。我遵从这个策略是因为康德在这个层面上为先验自由辩护,我认为他的辩护是成功的。在先验唯心论的体系中,所有时空世界里的变化在逻辑上都有可能受自然必然性的支配,并且行为人在逻辑上也有可能通过先验自由在这个世界里做出行动。

基于经验,信任时空世界中所存在的这种决定论貌似合理,但我们根本无法据此认为先验的自由能够在本质上得到明证。这里并不是说在亚原子的层面上有强力的证据证明不存在完全的决定论(如果亚原子粒子是我们经验的可能对象的话,那么这对康德的知识理论而言的确是一个严峻的挑战)。相反,是在宏观的层面上,我们可以合理地假设普遍决定论——包括欲望或偏好的原因——看上去康德为先验自由辩护的过程中遇到了一个很大的难点。为了解释这个难点,我会支持先验自由的逻辑可能性的论点;但是我现在将这个论点完全置于他的道德体系之中。正如我们已经知道的,正是我们的责任,即为了道德法则而行动,要求自由行使意志的能力。

在可感知到道德结果的情境中,康德的观点是一个行为人,他一开始由于时间序列里先前的事件,产生了某些欲望或偏好,这欲望或偏好本身造成了一种行为,除非本体自我能以纯粹实践理性为基础,克服这感官欲望并且取而代之,做出其他行为,也就是,出于义务而做出行为。这个取而代之的行为,即具有道德价值的行为,是由纯粹的

第六章 至善，为至善而存在的上帝，灵魂的永恒及意志的自由

实践理性，通过不断向时间序列里的事件灌输敬重感，在与感官欲望的对抗过程中而产生。在这种观点下，无论一个行为人的行动是由感官欲望产生还是由敬重感产生，都不会破坏时空世界要求的自然必然性。感官产生的欲望催生出行动并不会破坏自然必然性：因为同种欲望的力量总是在同样的情况之下被产生，并且在这些情况下，它总是会导致同样的行动（当然，假设康德论点是正确的，即在现象世界中存在完的自然必然性）。但是，同样，行为人的本体自我克服某种感官欲望，由此获得强烈的尊敬感，并催生下一步（具有道德价值）的行动。这一必然过程链是不可中断的。因为本体自我是个不受时间影响的实存，所以它的行动决定就不受变化的影响；并且，由于这一特殊的决定是基于对行为人准则道德法则的实践性理性的应用，它涵盖了所有相似的情况。

因此，无论行为人的行动是由某个确定的欲望消极地产生，还是由纯粹实践理性积极地产生，确定的周围环境与随后的行动之间，必定存在一个恒常联结。将自然必然性归结于时空世界的事件的所需条件，无论行为人是通过感官产生的欲望还是通过纯粹实践理性（通过产生敬重感）去行动，都会满足这些条件。

但是我认为：无论理性存在者通过理性和自由，是感官世界影响的原因，还是它在理性的立场下根本没有确定这些影响，自然法则都是能成立的。因为在第一个个例中，行为人根据准则而行动，而准则的影响从表面上看永远符合恒定的法则；在第二个

个例中，发生的行为并不符合理性原则，但是它受感性经验法则的支配（包括欲望和偏好），在这两个个例中，它们的影响都符合恒定的法则而相互联结；我们不再对自然必然性要求更多了，我们已经把它了解透彻了。（《未来形而上学导论》53节：4:345—346）

正是因为行为人确定的周围环境与接下来的行为之间存在着这种可观测到的规律性——无论该行为是由感官欲望还是由敬重感产生的——我们才能确定任意行为人的特定的经验性格；然后了解他的性格，继续预测他以后的行为（假设我们还了解行为人周围的环境）。

对我而言，康德的论证模型似乎是承认先验自由的逻辑可能性，即使时空世界可能完全受自然必然性的控制。因为，在他的论证模型中，自然必然性需要的所有归因在现象序列中都是颠扑不破的规律。但是要把这个逻辑可能性运用到我们的现实时空世界的话，就需要以下假设，即在任何确定情境中，行为人的行为理由，无论这理由是自然产生的欲望还是本体产生的敬重感，都可能改变随后的一系列物理事件的进行。康德绝对不是认为只要我们知道了宇宙中的物理法则和物理事件的安排——甚至我们假设在行为人出生前的200年——那我们就可以确定地预测到那个行为人的所有行动。相反，康德认为，如果只以物理法则为基础，那么该行为人的感官欲望或是敬重感会改变我们预测到的行动。再重复一遍：这个假设如果正确的话，并不会干扰到康德所理解的自然必然性。因为具有同一欲望或敬重感的行为人在同

第六章 至善，为至善而存在的上帝，灵魂的永恒及意志的自由

样的环境下必定永远做出同样的行为。不可否认的是这种假设的确需要除纯粹物理的因果法则之外的其他事物来支配时空世界里可观察到的行为：也就是说，一个行为人的行为是由不可征服的精神现象和物理现象支配的（这种状态只处于时间之中）。但是康德无疑坚持这个观点。

这个观点的难处就在于它似乎与以下经验证据的结果不一致，即我们在原则上可以从宇宙的物理状态中成功地预测行为人所有可观察到的行为，哪怕是在行为人出生前预测的。换言之，由于经验证据不一致，本体自我似乎已经无法干预事件序列从而使得行为人有可能做出具有道德价值的行为。因此，康德以下的主张必定会被反驳，即承认了现象/本体的区别后，我们能意识到我们受道德法则的约束就证明了自由的实在性（不仅仅是逻辑上的可能性）。我们认为对道德法则至高权威的认可——所谓的"理性事实"——并不是真正的认可，毕竟至少存在着充足的理由认为它不是真正认可。

一旦我们对自由的知识产生怀疑，那么康德的论点就站不住脚了，即康德认为灵魂永恒和上帝存在。因为他的论点取决于我们真的被要求达成至善。但是，如果我们没有先验自由的话（或至少有充足的理由认为我们没有这种自由），那么就没有理由相信我们拥有达成至善的道德要求了。因为思辨理性的"拱顶石"坍塌了，那么康德整个思辨性形而上学的事业就轰然倒塌了。

这并不意味着我们能够脱离纷纷扰扰，立即接受某些道德经验主义复杂的理论。因为从所有已经展示过的内容来看，康德的以下宣称

可能还是正确的，即如果道德不是一个空的妄想，那么我们需要他道德理性主义的观点，包括先验自由的存在。他以下的观点可能也是正确的，就是认为意志的自由极其重要，甚至在他看来是我们道德概念的中心，如果抛弃它，我们自己就不再是道德存在者了。这种结论可能的确是有误的，但是考虑到康德道德体系的力量和深度，我认为还需要一些持续的论证来证明他是有误的。①

---

① 有人宣称有一种完全先天的方式来驳斥康德的先验自由。这种反对观点称，康德自己认为如果本体主体创造了其本体的性格，那么本体主体才能拥有先验自由。但是，该反对观点又称，要假设本体主体是自因的——也就是自己性格的全部原因——这种假设是不合逻辑的。因此，行为人（也就是本体主体）不能像康德假设的那样，能够通过先验自由来在现象世界中做出行为。因此，道德应用到我们身上就必须要求我们拥有先验自由，这种要求是不合逻辑的；所以这样看来我们不该反对道德经验主义的复杂理论。在我看来，假设康德把本体主体认为是自因的，这种假设并没有很好的理由：相反，他清楚地希望能够允许有以下的可能性，即我们作为本体主体都是上帝创造的生灵。但是从以下假设，即上帝创造了本体主体，并不能可以推出行为人不可能通过先验自由在本体世界里产生任何行为。如果上帝（和本体主体）存在于时间里才能推出以上假设的结论。但是上帝已经创造出了本体主体，也就是已经通过非时间的行为创造了本体主体的存在，因此，本体主体不需要自身被任何时间中先于自己的事物所决定，就能在现象世界中产生行为。如果这样的话，既然行为人的意志能够自发地产生行为（以纯粹实践理性为基础），那么出现的行为就是来自先验自由。因此，每个行为都合理地来自行为人，因为这个行为就是来自他（即本体主体），而不是来自上帝——即使上帝是该本体主体的创造者（该观点在《实践理性批判》中得到了很好的论述，尤其参见 5:100—102）。至于为什么本体主体在世界上产生某些行为而不是其他行为——从而形成了特定的经验性格——这就完全超出了我们的知识范围（康德清晰地在《纯粹理性批判》，A557/B585 解释过）。虽然我们认为上帝创造了本体主体，但是这并未能证明行为人，也就是本体主体无法自由地行使意志，或行为人的行为都来自经验性格的（或善或恶）创造者或发起人。

大事年表

以下集中列出了康德的重要出版作品以及同时代的其他重要的哲学著作。

1710年	戈特弗里德·莱布尼茨,《神义论》(Theodicy)。 乔治·贝克莱,《人类知识原理》(A Treatise Concerning the Principles of Human Knowledge)。
1720年	戈特弗里德·莱布尼茨逝世后出版了《单子论》(Monadology)。
1724年	4月23日,伊曼努尔·康德出生于东普鲁士的柯尼斯堡(即今俄罗斯的加里宁格勒)。
1726年	约瑟夫·巴特勒,《十五次布道》(Fifteen Sermons)。
1732—1740年	康德在加里宁格勒的弗莱德里希学院学习路德教义。
1739—1740年	大卫·休谟,《人性论》(A Treatise of Human Nature)。

1740—1746年　康德被录取为加里宁格勒一所大学的学生，学习数学、自然科学、哲学和神学。

1747—1754年　康德在加里宁格勒附近地区被多个地主家庭聘请为私人教师。

1748年　　　大卫·休谟，《人类理解研究》（An Enquiry Concerning Human Understanding）。

1751年　　　大卫·休谟，《道德原则研究》（An Enquiry Concerning the Principles of Morals）。

1754—1756年　休谟的两大《研究》和他的多篇短论文（不包括《人性论》）被译为德文出版。

1755年　　　康德开始在加里宁格勒的大学授课。

1757年　　　约翰·洛克的《人类理解论》（第二版，1694）（An Essay Concerning Human Understanding）被译为德文出版。

1765年　　　戈特弗里德·莱布尼茨逝世后出版了《人类理智新论》

（*New Essays on Human Understanding*）。

1770年　康德被加里宁格勒的一所大学任命为逻辑学和形而上学的教授。

1779年　大卫·休谟逝世后出版的《自然宗教对话录》（*Dialogues Concerning Natural Religion*）在1781年被译为德文。

1781年　《纯粹理性批判》（*Critique of Pure Reason*），第一版（即A版本）。

1783年　《未来形而上学导论》（*Prolegomena to Any Future Metaphysics*）。

1785年　《道德形而上学的奠基》（*Groundwork of the Metaphysics of Morals*）。

1786年　《自然科学形而上学原理》（*Metaphysical Foundations of Natural Science*）。

1787年　《纯粹理性批判》，第二版（即B版本）。

1788年　　　《实践理性批判》（Critique of Practical Reason）。

1790年　　　《判断力批判》（Critique of Judgement）（第一版：后面的版本略有修改）。

1793年　　　《单纯理性范围内的宗教》（Religion with the Bounds of Reason Alone）。

1796年　　　康德在加里宁格勒大学最后一次授课。

1797年　　　《道德形而上学》（The Metaphysics of Morals）。

1798年　　　《从实用主义观点看人类学》（Anthropology from a Pragmatic Point of View）。

1800年　　　《逻辑学》（Logic）。

1804年　　　2月12日，康德在加里宁格勒逝世。

参考文献

缩写说明

CJ 《判断力批判》[*Critique（of the Power）of Judgement*]（1790）

CPractR《纯粹理性批判》（*Critique of Practical Reason*）（1790）

G 《道德形而上学的奠基》（*Groundwork of the Metaphysics of Morals*）（1785）

Prol《未来形而上学导论》（*Prolegomena to Any Future Metaphysics*）（1783）

《纯粹理性批判》中的引用部分都参照1781年第一次出版的版本（即A版本）和（或）1787年第二次出版的版本（即B版本）。

引用康德的其他作品，其卷册和页码都参照德国科学院的版本，即德国科学院《康德全集》（*Kants gesammelte Schriften*）（柏林：德古意特出版社，1902）。

主要参考文献

康德作品：现代翻译选集

同样的康德作品有着多种译本，我（本书作者）引用的是星号标出的版本（引文进行了轻微变动）；但是所有列出的译本都是值得一

211

读的。

Critique of [the Power of] Judgement, trans. Werner Pluhar（Indianapolis,1987）, Paul Guyer and Eric Matthews（Cambridge, 2000）, and J. C. Meredith（revised N. Walker）（Oxford, 2007）*.

Critique of Practical Reason, trans. T. K. Abbott, 6th edn（London,1909）, L. W. Beck（Chicago, 1949）, Mary Gregor（Cambridge, 1997）*, and Werner Pluhar（Indianapolis, 2002）.

Critique of Pure Reason, trans. Werner Pluhar（Indianapolis, 1996）,Paul Guyer and Allen W. Wood（Cambridge, 1997）, and N. K. Smith（Basingstoke, revised 2nd edition, 2007）*.

Groundwork for [or of]the Metaphysics of Morals, trans. L. W. Beck,under the title *Foundations of the Metaphysics of Morals* with CriticalEssays（ed. Robert P. Wolff）（Indianapolis, 1969）, Mary Gregor（Cambridge, 1997）, H. J. Paton, originally entitled *The Moral Law*（London, 1964）*, and Arnulf Zweig（Oxford, 2002）.

The Metaphysics of Morals, trans. Mary Gregor（Cambridge, 1991）.

Practical Philosophy, trans. Mary Gregor（Cambridge, 1996）. Contains the *Critique of Practical Reason, Groundwork for the Metaphysics of Morals* and *The Metaphysics of Morals* as well as other ethical writings by Kant.

Prolegomena to Any Future Metaphysics, trans. Peter G. Lucas（Manchester, 1953）*, James Ellington（Indianapolis, 1977）, and Gary Hatfield（Cambridge, revised edition, 2004）.

其他作品：现代版本

Butler, Joseph, *Fifteen Sermons Preached at the Rolls Chapel*, ed. T. A. Roberts（London, 1970）.

Descartes, René, *Meditations on first philosophy*, trans. and ed. by John Cottingham（Cambridge, 1996）.

Hume, David, *An Enquiry concerning the Principles of Morals*, ed. Tom Beauchamp（Oxford, 1998）.

——*A Treatise of Human Nature*, ed. David and Mary Norton（Oxford, 2000）.

——*An Enquiry concerning Human Understanding*, ed. Peter Millican（Oxford, 2007）.

推荐读物

在提供这个选择清单时，我（本书作者）尽力试图鉴定出一些相对而言容易理解的材料（其中大部分是与学生或大众读者一起写的），但是在这部短短的作品中我还未深入研究某个问题，也还未对我采纳的解释做出其他行得通的解释。以下列出的书单中很多书都包括了一些常见的参考书目。

大众读本

选集：

The Cambridge Companion to Kant and Modern Philosophy, ed. Paul

Guyer(Cambridge, 2006).

The Cambridge Companion to Kant, ed. Paul Guyer (Cambridge, 1992).

A Companion to Kant, ed. Graham Bird(Oxford, 2006).

The Continuum Companion to Kant, (eds) Gary Banham, Dennis Schulting and Nigel Hems(London, 2012).

专著:

Paul Guyer, *Kant*(London, 2006).

Andrew Ward, *Kant: The Three Critiques*(Cambridge, 2006).

知识与形而上学:《纯粹理性批判》

选集:

The Cambridge Companion to Kant's Critique of Pure Reason, ed. Paul Guyer(New York, 2010).

Kant's Critique of Pure Reason: Critical Essays, ed. Patricia Kitcher (Lanham, 1998).

专著:

Allison, Henry E., *Kant's Transcendental Idealism: An Interpretation and Defense*(New Haven, CT, rev. edn, 2004).

Dicker, Georges, *Kant's Theory of Knowledge:An Analytical Introduction*(Oxford, 2004).

Gardner, Sebastian, *Kant and the Critique of Pure Reason*(London,

1999).

Lovejoy, Arthur O., 'On Kant's Reply to Hume' in Molke Gram ed. *Kant:Disputed Questions*(Chicago, 1967).

Quinton, Anthony, '*Spaces and Times*' *Philosophy* 37(1962).

Savile, Anthony, *Kant's Critique of Pure Reason:An Orientation to the Central Theme*(Oxford, 2005).

Strawson, P. F., *The Bounds of Sense*(London, 1966).

——'Kant on Substance', *Entity and Identity and Other Essays*(Oxford, 1997).

Stroud, Barry, 'Transcendental Arguments' and 'The Allure of Idealism', *Understanding Human Knowledge*(Oxford, 2000).

道德:《奠基》《实践理性批判》和《道德形而上学》

选集:

Kant's Groundwork of the Metaphysics of Morals: Critical Essays, ed. Paul Guyer(Lanham, 1998).

专著:

Aune, Bruce, *Kant's Theory of Morals*(Princeton, 1979).

Beck, Lewis W., A Commentary on Kant's Critique of Practical Reason (Chicago, 1960).

Herman, Barbara, *The Practice of Moral Judgment*(Cambridge, MA, 1993).

Hill, Thomas E., Jr, *Dignity and Practical Reason in Kant's Moral Theory* (Ithaca, NY, 1992).

Korsgaard, Christine M., *Creating the Kingdom of Ends* (Cambridge, 1996).

Moore, A. W., *Noble in Reason, Infinite in Faculty:Themes and Variations in Kant's Moral and Political Philosophy* (London, 2003).

O'Neill, Onora, Acting on Principle:An Essay on Kantian Ethics (New York, 1975).—*Constructions of Reason:Explorations of Kant's Practical Philosophy* (Cambridge, 1990).

Paton, H. J., *The Categorical Imperative:A Study in Kant's Moral Philosophy* (London, 1947).

Rawls, John, 'Themes in Kant's Moral Philosophy', in E. Forster ed., *Kant's Transcendental Deductions* (Stanford, CA, 1989).

— 'Kant' in *Lectures in the History of Moral Philosophy* (Cambridge, MA, 2000).

Reath, Andrews, 'Two Conceptions of the Highest Good in Kant', *Journal of the History of Philosophy* 26 (1988).

Silber, John, 'Kant's Conception of the Highest Good as Immanent and Transcendent', *Philosophical Review* 68 (1959).

Sullivan, Roger J., *An Introduction to Kant's Ethics* (Cambridge, 1994).

Timmermann, Jens, *Kant's Groundwork of the Metaphysics of Morals:A Commentary* (Cambridge, 2007).

索引

（条目后的页码为本词条出现在原英文版书中的页码）

a posteriori (meaning) 14, 16
a priori (meaning) 12, 16
aesthetics 7–8
Analogies of Experience 50–67
  First Analogy 51–4
  key points about 64–7
  Second Analogy 55–8
    objections 58–62
  Third Analogy 62–4
analytic (meaning) 12
Antinomy of Pure Practical Reason 152–6
Antinomy of Pure Reason 88–103
  Dynamical Antinomies 95–7
  First (Mathematical) Antinomy 91–5
  Fourth (Dynamical) Antinomy 97–9
    criticism 99–103
  Mathematical Antinomies 90–1
    criticism 94–5
appearances and things in themselves 8–11, 98, 135 *see also* phenomena-noumena distinction
apperception, unity 48
Argument from Design 108–10
Aristotle 39–40

Butler, Joseph 146

categorical imperative
  application 126–31
  compared with hypothetical 134–5, 142–3
  derivation 119–21
  no explanation of its possibility 142–3
  relation to moral law 141
  rule of a free will 136–7
categories 36
  derivation 42–5
  how applied 64–6
  necessary for experience 49–50, 67–9
  use outside experience 77–80
Categories, Table of 43
causality *see* law of causality *and* Hume, David
cause (category) 41–2, 43, 45, 55, 58, 65, 68–9
community (category) 43, 62, 65, 68–9
Copernican revolution (Kant's) 3–8, 17–18, 36, 110, 112, 135, 149
Copernicus, Nicolas 3, 4
Cosmological Argument 106–8
Critique of Judgment 7, 109, 152, 157
Critique of Practical Reason 6–7, 113–14, 117, 118, 123, 124, 140, 142, 144, 149, 152–4, 155, 156, 159, 161, 162, 167
Critique of Pure Reason 4–6, 11, 23, 24, 30, 31, 33 40, 45,

52–3, 56, 64, 65, 67, 71, 73, 79–80, 85, 94, 97, 105–6, 110, 161, 167

Descartes, René 36, 71
duty 115
  for the sake of 120–1, 122–3, 123–5, 134
  in conformity with 134
  opposed to desires and inclinations 116, 118–19, 135, 141–3, 144–5
  relation to moral law 141
  scope 130–1, 147–8

ens realissimum 104
ethical empiricist/m 121, 131, 133–5, 144–9, 166
ethical rationalist/m 121, 125, 131, 133–5, 144–9, 166
Euclid 2, 17

fact of reason 142, 144, 152–3, 166
feeling of respect, reverence 123–5, 142, 163–5
form and content of practical principle 120, 121–3
freedom,
  criticism 99–103
  transcendental 97, 98–9, 162–6
  will 136–40, 148–9, 152–3, 156, 158–62, 162–6

Groundwork of the Metaphysics of Morals 113–14, 115–17, 120–1, 122, 123–4, 125, 126, 127, 130, 133, 137, 138–40, 143, 146

happiness 117–18, 145–8, 153–8
highest good 7, 153–8, 161

Hume, David,
  Argument from Design 109
  ascription of character 100
  causality 36, 38, 66
  An Enquiry concerning Human Understanding 36, 78
  An Enquiry concerning the Principles of Morals 122, 132, 146–7
  explanation of action 101
  is and ought judgements 144
  phenomena-noumena distinction 78
  reason and sentiment 121–3, 125, 131–2, 133–5, 146–7
  A Treatise of Human Nature 36
hypothetical imperative 134–5, 142–3

Ideal of Pure Reason 103–10
imperatives,
  categorical 119–21, 126–31, 134–5, 136–7, 141, 142–3
  hypothetical 134–5, 142–3
intuition, intellectual 81
intuition, sensible,
  a priori (or pure) and empirical 29, 76
  forms of sensibility 9–11
  inner and outer 9–11
  intellectual 81
  relation to mathematics 30–1, 32–3, 75–6
  relation to space and time 10–11, 23–4, 32–3, 75–6

judgement forms 39–42
judgements 11–16
  analytic a priori 12–14
  synthetic a posteriori 14–15, 66
  synthetic a priori 15–16
    in ethics 143
    in general 16–19

218

in mathematics 30–3, 75–6
in natural science 35, 54, 58, 66–7, 74–6
in transcendent metaphysics 87–8
Judgements, Table of 40

law of causality 55, 57–8, 59, 60–1, 66–7
law of community, or reciprocity 62–4, 66–7
Leibniz, Gottfried Wilhelm 24, 32

mathematics (geometry, arithmetic, pure mechanics),
  application to objects 38, 75–6
  revolution in 12, 17
  synthetic a priori judgements 29–33
maxim 114
  two types 128
  as universal law 126–9
Metaphysical Deduction 37, 39–45
metaphysics 1–3, 5, 16
  first part 2, 4–5, 18, 76–7
  second part 2, 5–6, 18–19, 77–8, 83, 88
The Metaphysics of Morals 130
moral law 120–1, 123–5, 136–7, 138–9, 140–3, 154–8
moral disposition 153, 154, 156, 157, 160
  union with happiness 153–4, 156–7

natural science,
  and metaphysics 76–7
  proof of fundamental principles 35, 38, 74–5
  revolution in 2, 17–18
Newton, Sir Isaac 2, 5, 24, 32, 54

noumena,
  negative sense 79–80
  positive sense 80 *see also* phenomena-noumena distinction

obligation, moral *see* duty

Paralogisms of Pure Reason 84–8
  First Paralogism 85
  Fourth Paralogism 73, 87
  Second Paralogism 86
  Third Paralogism 86
phenomena 78–9 *see also* phenomena-noumena distinction
phenomena-noumena distinction 78–80, 98, 135, 137–9, 149, 162, 166
Physico-Theological Argument 108–10
postulates of pure practical reason 156, 158
principle of sufficient reason 55, 57, 75 *see also* law of causality
Principles of Pure Understanding 38, 47, 50, 75–6 *see also* Analogies of Experience
Prolegomena,
  derivation of categories 42
  natural necessity and freedom 164
  senses of 'outside us' 73
  space and time as limitless 29
pure concepts of the understanding 36, 42–3, 78 *see also* categories

reason,
  practical 6–7, 19, 124–5, 143, 153, 158–9, 161–2

theoretical 6, 18–19, 76, 77, 78, 79, 81, 83, 84, 88
Refutation of [Problematic] Idealism 70–4
representative theory of perception 9
respect (reverence) 123–5, 142, 163–5

self-love 117–18, 119, 145–8
sensibility, faculty 9–10
soul, immortality 84–8, 152–3, 156, 158–61
space,
   metaphysical exposition 25–9
   relation to outer intuition 32–4
   transcendental exposition 29–33
Spinoza, Baruch 157
substance (category) 43, 45, 51, 54, 68
summum bonum 153 see also highest good
supreme principle of morality 120 see also categorical imperative *and* moral law
synthetic (meaning) 14

things in themselves and appearances 8–11, 98, 135 see also phenomena-noumena distinction

time,
   metaphysical exposition 25–9
   relation to inner intuition 32–4
   relation to principles of the understanding 50–1
   transcendental exposition 33
Transcendental Deduction 38, 46–50, 67–70
transcendental idealist/m 10–11, 70–4, 89, 94–5, 96
transcendental realist/m 9–11, 70–4, 89, 94–5, 96

understanding, the 35
   faculty of pure concepts 36–7, 42, 43
   intellectual intuition 80
   judgement forms 39–40
   role in making experience possible 54, 57, 58, 63, 64–7

virtue and happiness, union 153–6

will 114
   autonomy 133–5, 136, 137, 142
   freedom 136–40, 148–9, 152–3, 156, 158–62, 162–6
   heteronomy 133–5, 137, 142

内容简介

《从康德出发》一书由不同的主题构成,开篇对康德成熟的哲学进行了概述,其中不涉及康德任何的专业术语,这样有助于大部分读者理解康德著名的、史无前例的"形而上学领域哥白尼式的革命"。本书对康德形而上学观点的基本框架进行了评价,并阐述了康德的知识理论和道德哲学的含义。康德在这些领域的观点与他同时代的哲学家的观点息息相关,因此,通过了解康德反对者的意见,读者可以理解康德很多重要的思想。如果读者首次了解康德的作品,那么本书是读者的不二选择。

作者简介

安德鲁·沃德(Andrew Ward),英国约克大学哲学讲师。

译者简介

陈明瑶,博士,浙江工商大学英语教授,翻译与文化研究所所长。在专业一级刊物和核心刊物上发表学术论文30余篇,出版专著、译著及教材多部。

陈晓坤,口笔译工作者,浙江工商大学翻译专业硕士研究生。